なぜか惹かれる足立区
〜東京23区「最下位」からの下剋上〜

池田利道

ワニブックス
|PLUS|新書

はじめに

東京の23区をエリアに区分するのは結構難しい。

例えば「西部山の手」といったとき、筆者はその代表として目黒、世田谷、杉並の3区を思い浮かべている。だが、「中野区は？」「練馬区は？」と聞き返されると、途端に口がモゴモゴしてしまう。

そんな23区の中で、文句なしに区分ができるところが2つある。ひとつは千代田、中央、港の「都心3区」。ビジネスの中心地であるとともに、最近は人口の増加傾向も著しい。

もうひとつは、足立、葛飾、江戸川の荒川以東の3区。以東といっても、足立区は荒川の北に位置するし、足立区の千住地区や江戸川区の平井・小松川地区は荒川の対岸にある。細かいことはさておいて、東京の一番東側にあたるから、筆者はこの3区を「東部3区」と呼んでいる。本書でもこの呼び名を使うことにしたい。

東部3区には、荒川という大きな川で区切られていること以外にも多くの共通点がある。そこには強みもあれば課題もあるのだが、私たちが抱くイメージの世界での東部3区の評価は悪い方ばかり。曰く、「東京の外れ」、「洗練されていない」、「行ってみたいと思わない」……。

なかでも筆頭格の足立区は、貧乏くさくて低学歴で、まちにはヤンキーとヤンママがたむろする犯罪多発区。行ってみたいと思わないどころか、「行くのが怖い」という声さえ聞こえてくる。まさに東京のマイナスイメージ総元締めの感がある。

しかし、そんな足立区には70万人近い人が住み、いまも人口が増え続けている。足立で暮らす人たちは、仕方なく住み続けているのだろうか。足立に移り住んできた人たちは、間違った引っ越しをしてしまったのだろうか。そうではなくて、イメージの方がゆがんでいるのだろうか。

頭の中をすべてリセットし、あるがままの足立を見つめ直してみよう。そこには「なぜか惹かれる何か」がきっとあるはずだ。足立は、「まちを見抜く目」を養う格好の舞台となるだろう。

本書で取り上げた数値・データは、初出時に出典を記すこととした。出典が記されていないデータは２０１５年の『国勢調査』に基づいている。

目次

第2章　足立を取りまく光と影

序章　「作られた」足立像

足立は東京の〝いじめられっ子〟

真っ昼間から血だらけで酒を飲む男。14歳の未婚の母。乗りたいから借りるだけと屁理屈をこねる自転車泥棒。信号待ちをしていると飛び蹴りをくらう交差点。モモヒキをはいてまちを歩く女子高生と聞けば何となく微笑ましいが、自転車のサドルに突き刺さる包丁となると笑っては済ませられない。そしてきわめつけは、「ここに住めたら、どこにでも住める」。

これらは深夜のバラエティ番組で取り上げられた足立の姿である。とんでもない誤報も混じっていたようだが、それでも懲りずに続編が流れ続けているところをみると、番組を見て「いいね」と喜ぶ人も多いのだろう。

もちろん多くの視聴者は、これらが標準的な足立像だとは思っていない。考えてみれば、どこのまちでも起こり得ることでもある。だが、世田谷ではストーリーが成り立たない。足立でなければダメなのだ。

格差社会が広がる中で、勝ち馬に乗りたいと考えるのは人情だ。そうはいっても、勝ち馬に乗るのは難しい。誰もが白金や麻布に住めるわけではない。この微妙な心の隙間に、「何でもいいから標的を決めて叩けばスッキリする」と悪魔の声がささやきかける。メディアが足立を「月曜から血まつり」にあげる裏には、こんな悲しい背景があるのではないかと考えてしまう。しかし、これはいじめの論理だ。番組を作っている人たちは、そんな大げさなことなど考えておらず、冗談半分の軽いノリなのだろう。だが、足立ならからかっても許されると考えているのだとしたら、それもまたいじめの論理につながっていく。

データはときにマジックのタネになる

いじめのすべてに根拠がないのと同様に、足立いじめにも根拠がない。そういうといじめっ子たちは、データがあると反論するだろう。人間は数字に弱い。足立には犯罪が多いというデータを示した後でなら、交差点で不意に飛び蹴りをされるとか、サドルに包丁が突き刺さるという話が、にわかに現実味を帯びてくる。

足立区で犯罪発生件数が多いのは紛れもない事実だ。だから「足立には犯罪が多い」といっても〝フェイク〟ではない。しかし、データの扱い方を間違えるとリアルな数字が途端にフェイクに変わる。データに基づき本を書いたり、話をしたりすることを仕事としている筆者は、ビジネスセミナーのようにしゃべった話に重い責任が問われるような場に招かれたとき、最後に必ず「データのマジックに騙されるな」という話をつけ加えるようにしている。

わかりやすい「データのマジック」にこんな例がある。23区の子育てしやすさのランキングを評価したある調査の結果だ。保育所の数やその定員数、小児科の数、公園の数など8つの指標を駆使して求めた力作である。

このランキングによると、いわゆる一般的な子育て支援策の評価が、23区の中で特に優れているとは思えない足立区は堂々の5位。一方で、2014年度以降5年連続で待機児童ゼロを誇る千代田区は最下位。子育てしやすいまちの評価は難しく、その詳細を語ることは本書のテーマを超えるので省略するが、それにしてもこの結果には首をひねらざるを得ない。改めてよく見てみると、上位はいずれも人口が多く、面積が広い区ばかり。逆に下位には小さな区が並んでいる。ちなみに待機児童ゼロを連続達成していても最低評価の千代田区の人口は23区で最少。22位の中央区の半分にも満たない。要するに簡単な話で、大きな区は当然の結果として保育所の数も、小児科の数も、公園の数も多くなるから評価が高くなる。それだけのことに過ぎない。

公表者はおそらく、フェイクな情報を流す意図など全くないのだろう。問題は、このデータが結構大きな反響を呼び、少なからぬ後追い記事を生んでいることにある。かくも私たちは数字に弱く、そうであるからこそデータの扱いは、慎重の上にも慎重を期さなければならない。と同時に私たちは、データや数字が意味することを冷静に考え直していかないと、「データのマジック」の中に落ち込んでしまう恐れがある。

足立なら「あるある」

次章以降で順次紹介していくように、私たちの頭にこびりついた足立をめぐるデータや数字の間違いにはいくつかのタイプがある。犯罪発生件数は、足立区が大きな区であることを見落とした、一番単純な部類に属する。

改めておさらいしておくと、足立区の人口は23区で5番目。その数は鳥取県を超え、島根県に匹敵する。面積は3番目。ただし、面積が一番広い大田区のうち、およそ3割はウォーターフロントの埋め立て地で、実際に人が住んでいる区域の面積だけを比べてみると、足立区は世田谷区に次いで2番目の広さになる。広くて人がたくさん住んでいるのだから、犯罪の発生数が多くなるのはあたり前のことだ。足立と同様大きな区である世田谷区も、そのあたり前の結果として犯罪が多い。しかし、世田谷での犯罪はニュースにはなってもバラエティのネタにはならない。難しい言葉を使うなら「予定調和」の世界があるからだ。自転車のサドルに包丁がグサリは、足立なら「あるある」と話が盛り上がるが、世田谷では「それはないでしょう」で終わってしまう。

先にあるのはデータでも事実でもなく、足立という枠組みなのだ。足立だけでなく、世田谷区には世田谷という枠組みがあり、港区には港という枠組みがある。

少子高齢化に直面したわが国の社会は、いまや激動の時代を迎えつつある。もうそろそろ古い枠組みから卒業してもいいころだ。

千住はなぜ「穴場」と呼ばれるのか

一部のメディアが猪突猛進するウケ狙いの足立いじめはともかくとして、例えば足立区と港区を比べて面白がるといった「足立プチいじり」の企画は、マスメディアの定番メニューのひとつとなっている。だが、足立区には多くの人が住み、さらにその関係者を足し合わせると膨大な数に及ぶ。無責任な言いっぱなしが許されるネット情報とは異なり、マスメディアとしては何とか話に落ちをつけ、「足立も捨てたものじゃない」と収めねばならない。

そこで、株式会社リクルート住まいカンパニー（以下「リクルート社」と略称する）の調査において、4年連続「穴場のまち」のトップを走り続けている千住（＊）の出番となる。だが、「穴場」とは一体何なのだろうか。リクルート社によると、交通利便性や生活利便性が高いにもかかわらず、家賃や物価が割安のイメージがあるところを「穴場」と呼ぶそうだ。

なるほど北千住はＪＲ常磐線、東武スカイツリーライン（伊勢崎線）、つくばエクスプレス、東京メトロの千代田線と日比谷線の5本の鉄道（東武線との相互乗り入れを含めると半蔵門線も加わる）が集まる交通の要衝である。しかも都心にきわめて近い。上野東京ラインに乗れば、東京まで15分。千代田線で大手町まで同じく15分程度。生活の

北千住駅。5本の鉄道が集結する北千住の駅前は、足立の賑わいの要でもある。

便利さも折り紙つきだ。

イトーヨーカドー発祥の地とされた千住店（ザ・プライス千住店）やダイエーの北千住店（トポス北千住店）は閉店したが、駅の東西両側に広がる商店街は東京でも屈指の賑わいを保ち続けている。家賃は1K・1DKで5万円程度、2LDK・3LDKで8万円程度（リクルート社による2018年2月時点の月額相場）。ザ・プライスやトポスといったディスカウントスーパーと伍してきた商店街は、価格と質とサービスを掛け合わせた総合的なコストパフォーマンスにおいて、申し分がないからこそ生き残れてきた。庶民感覚に照らすなら、これだけ揃っていれば「『穴場』ではなく『本命』だろう」といいたくなる。

筆者が、東京23区の山手線の外側で、中心部と郊外部を結ぶ鉄道28路線の243駅を比較分析したところ、駅勢圏（その駅を利用する人が住む区域）の人口が2010年～2015年の5年間で最も増えたのは、駅前の工場跡地で再開発が進む京成本線の千住大橋。まちの将来性を占う上で大きなカギを握るとされる30代のファミリー層人口に限ると、2位の代官山（15・8％増）以下をぶっちぎる圧倒的トップ（54・3％増）を示したのも千住大橋だった。こうなると、もう「大本命」だ。

しかし、いかにお買い得であっても、千住は本命にはなれない。理由はブランド力が落ちるから。ここにもまた、ブランドという枠組み先行の考えが顔を出してくる。かくして千住は、いつまでたっても穴場止まりという宙ぶらりんな状態を抜け出すことができないままとなる。

住むまちか、たまに訪れるまちか

千住穴場論を支える背景には、実はもうひとつの要素が作用している。「東京の住み

千住宿本陣跡。碑が建つのは北千住駅から徒歩約3分の商店街内。まさに旧宿場のど真ん中に駅ができた。

たいまちのトップはどこか」と聞かれるとにわかに答えが出ない人でも、「穴場のまちは？」となればすぐに千住と答えが出る。千住が穴場のまちであることは、それほど広く深く定着している。

千住は江戸時代の千住宿をルーツとする古いまちだ。商店街には、最近できたチェーン店とは異なり、客を大事にする店が多い。特に飲食店は「下町グルメのメッカ」と呼ばれるほど、下町ならではの魅力が漂う店が厚く集積する。

数字に弱い私たちは、同時になつかしさにも弱いから、千住で舌鼓を打つと、そんな店が集まるまちの雰囲気にほっと心が和んでくる。オヤジはもとより、女性や若い人たちも「たまにはいいね」を共有し合う。

リクルート社の調査は、あくまでも「住みたい街ランキング」の中での「穴場のまち」だ。一方、千住穴場論に共感する多くの人たちの頭の中にあるのは、住むまちとしてではなく、たまに訪れるまちとしての千住の評価である。

たまに訪れると、いまや東京では希少価値となったなつかしさが感じられるから「穴場」。それもこれも全部ひっくるめて千住パワーだといってしまえばそれまでなのだが、何かスッキリしないモヤモヤ感がやはり残ってしまう。

千住にはしたたかなDNAが根づいている

先述したとおり、千住は「江戸四宿」をルーツとする。「江戸四宿」の残る3つは、東海道の品川宿、中山道の板橋宿、そして甲州街道の内藤新宿。このうち、当時賑わい第一とされたのが品川宿。第二が板橋宿。どちらもいまでは地元相手の商店街が、当時の名残を残すだけにとどまっている。

なぜそうなってしまったのか。明治になり鉄道の時代が始まりだしたとき、品川宿も板橋宿も鉄道は自分たちの繁栄を脅かす敵と見なしたからだ。これに対して千住は、旧宿場町のど真ん中に鉄道駅を誘致した。この先を見抜くしたたかさこそ、千住のまちに根づくDNAとしていまも残り続けている。

まちはノスタルジーだけでは生き残っていけない。古いまちは、そのままでは古ぼけたまちとなり、やがて時代の流れに取り残されて課題や弊害が噴き出してくる。同時に、いまトレンドの最先端を走り、飛ぶ鳥を落とす勢いを誇るまちも、次第に古いまちへと姿を変えていく。いつまでたっても変わらないのは、まちのDNAとも呼ぶべき特性に裏打ちされた、そのまちならではの個性だ。

リクルート社の穴場分析や千住ノスタルジー論以上に、現在の千住を特徴づけているのは、5つの大学がわずか5㎢程度の千住地区内に集中しているという事実である。拙著『23区格差』にも記したが、大学とりわけ私大は結構ブランド志向が強い。そんな中で、一見ブランド力に見劣りがする千住に大学が集まったのは、公共公益的施設の遊休地を活用しながら、少子化の進行で曲がり角に立つ大学に対して、まちとの新たな連携のあり方を積極的に働きかけた、区と千住地区のしたたかな誘致戦略の賜物であった。

それは鉄道との共存共栄を見通した明治のしたたかさが、平成の世になっても生き続けていることの証でもある。

長い歴史に培われたノスタルジーがあふれるまちに、大学生という異分子が交じり合うことで、まちは化学変化を起こす。さらにその変化が、次は30代のファミリー層を惹きつけ、まちの化学変化はますます深まっていく。宙ぶらりんだった千住論は、ここに至ってようやく地に足がつく。

人生100年時代に求められる「本当のまちの通信簿」

多くの人たちは、通勤に便利か、買物に便利か、子育て環境が優れているか、ローンを払いきるまで資産価値が落ちないかなど目先の利益でしかまちを見ようとはしない。しかし、人生100年の時代である。60歳で定年を迎えた後、仕事人間だった期間より長い余生が待ち受けている。子育てなどすぐに終わり、子どもはさっさと家を出ていく。資産価値となると、50年後、60年後にどうなるかは、もう「神のみぞ知る」だ。

そんなことに一喜一憂していても始まらない。まちのDNAにまで立ち返り、そのまちならではの骨太の個性を理解するとともに、その個性と自分の個性がマッチするかを考える。それこそが、自分ならではの「本当のまちの通信簿」をつける唯一の方策となる。

以下、足立区に焦点を絞り込みながら、まちの本当の評価とは何かを考えていくことにしたい。だが、まずその前に、次章では足立区を含む東部3区全体の実態を通観しておくことにしよう。それは足立をより深く理解するための前提となるだけでなく、本書で検証する足立論を、葛飾論や江戸川論に、さらに東京論全体に広げていくための懸け橋になるはずだ。

＊　公表されているリクルート社の調査結果は、正しくは「北千住」。隅田川を挟んで荒川区内にある「南千住」は、駅の名前であると同時に、南千住1〜8丁目で構成されるまちの名前でもある。これに対して北千住は、駅名であってまちの名前ではない。まちの名前は、北千住駅周辺の大部分の町名に千住がつくように「千住」。本書でも、駅の名前は北千住、まちの名前は千住（あるいは千住地区）と呼び分けることにする。

第1章　東京は今日も「西高東低」

1　住みたいまちランキングに惑わされるな！

猫も杓子もランキングの時代

何でもかんでもランキングをつけることが大はやりだ。テレビをつけても、雑誌をめくっても、ランキング、ランキングで、ニュースにまでランキングをつけるご時世になった。インターネットの世界は、もはやランキングの氾濫といっていい。

ビルボードやオリコンを考えてみればわかるように、もともとランキングとの相性が良かった音楽の世界はもとより、グルメ、ファッション、芸能、旅行など、対象とされるジャンルも多岐にわたっている。手っ取り早く答えだけが欲しいという風潮の表れだろうか。

例えば、味覚は個々人の嗜好差が強く、人気店と自分にとっての名店は必ずしもイコールではない。さほど期待することもなくたまたま入った店の味が気に入り、思わぬ幸せ感に包まれた経験は、オジサン、オバサン世代の人たちなら、誰にでもあるのではないだろうか。星が何個か、ランクが何位かばかりを気にしていたら、本当のグルメの醍醐味なんて味わえないと、オジサン世代のひとりとしてつい鼻息が荒くなってしまう。

1回きりの食事ならまだいいとしても、長く住むまちとなるとそうはいかない。まちのランキングの老舗としては、四半世紀以上の歴史を誇る東洋経済の『住みよさランキング』があるが、これは自治体の総合力の分析という色彩が濃い。それ以外では、およそ20年前に東京ウォーカーが始めた『住みたい街ランキング』がある程度だった。

ところが、いまインターネットを検索すると、「住みたいまち」「住みよいまち」「住んでみたいまち」といった総合型から、「子育てしやすいまち」「女性が働きやすいまち」「ひとりでも安心して暮らせるまち」「高齢者に優しいまち」などの対象限定型まで、数えきれないほどの「まちランキング」があふれ返っている。

「中心部人気」がトレンドのキーワード

「まちランキング」の中で、新聞やTVがニュースとして取り上げるほど社会的な注目度が高く、また内容も豊富なのがリクルート社による『SUUMO住みたい街ランキン

図表1　「住みたい自治体」にランキングされた23区の上位10区

	2013年	2014年	2015年	2016年	2017年	2018年
1位	世田谷(1)	世田谷(1)	世田谷(1)	港(1)	港(1)	港(1)
2位	港(2)	港(2)	港(2)	世田谷(2)	世田谷(2)	世田谷(2)
3位	目黒(3)	目黒(3)	目黒(3)	目黒(3)	目黒(3)	千代田(3)
4位	杉並(6)	杉並(4)	文京(4)	渋谷(4)	千代田(4)	目黒(4)
5位	文京(7)	文京(7)	杉並(6)	文京(5)	中央(5)	文京(5)
6位	品川(8)	新宿(8)	千代田(7)	千代田(6)	文京(6)	渋谷(6)
7位	渋谷(9)	渋谷(9)	渋谷(9)	杉並(7)	品川(7)	新宿(7)
8位	中央(11)	品川(10)	中央(10)	中央(9)	渋谷(9)	品川(8)
9位	中野(12)	中央(11)	品川(11)	品川(10)	杉並(10)	中央(9)
10位	新宿(13)	中野(12)	新宿(12)	新宿(11)	新宿(11)	杉並(10)
備考	4位鎌倉 5位武蔵野 6位横浜中区	5位武蔵野 6位鎌倉	5位武蔵野 8位鎌倉	8位鎌倉	8位鎌倉	

出所:『SUUMO住みたい街ランキング 関東版』(㈱リクルート住まいカンパニー)
*1　区名に付記したカッコ書きの数値は、関東地区全体の順位。
*2　備考は、関東地区全体でトップ10入りした23区以外の自治体名。

グ』だ。その関東版をちょっとのぞいてみよう。

リクルート社の最大のウリは、駅別に人気のまちを評価する「住みたい街（駅）ランキング」。メディアが話題にするのもこのランキングだ。しかし、筆者がより注目しているのは、他のデータと比較照合しやすい「住みたい自治体ランキング」の方。調査の対象となる自治体は、東京、神奈川、千葉、埼玉、茨城の1都4県の市と区と郡とされているが、公表されている119位まで（17年は99位まで、16年以前は30位まで）の中に郡は出てこない。

図表1は、過去6年間の「住みたい自治

体ランキング」（17年以前の呼称は、「住みたい行政市区（別）ランキング」）の結果から東京23区に限定した上位10区を抜き出したものだ。

最初に目につくのが、都心3区に文京区を加えた中心部と西部山の手地区の人気の高さである。詳しくみると、中心部人気が年々高まっていることが分かる。トップの座が2016年以降世田谷区から港区に移ったこと、目黒区がキープし続けてきた3位の座が、2018年に千代田区に奪われたことなどがその象徴である。

西部山の手の方はどうだろうか。世田谷区と目黒区は、落ちたといってもワンランク下がっただけで、いまも上位を維持している。これに対して杉並区は、2014年以降4位→5位→7位→9位→10位と4年連続でランクダウンが続き、人気の陰りが目立つ。ひと口に西部山の手といっても、内部格差が始まり出している様子がうかがえる。

中心部と西部山の手に次ぐ評価を得ているのは、渋谷区、新宿区といった広い意味での中心部に属する副都心地区である。ただし、一般に副都心地区に含まれると考えられている豊島区や台東区は評価が低い。意外といえば失礼だが、品川区もトップ10の常連に名を連ねる。

図表2　「住みたい自治体」の中での東部3区のランク

	2015年	2016年	2017年	2018年
足　立	ランク外	ランク外	22位	21位
葛　飾	ランク外	ランク外	21位	22位
江戸川	16位	16位	17位	17位

出所:『SUUMO住みたい街ランキング 関東版』(㈱リクルート住まいカンパニー)
＊　2016年以前の公表は30位までで、「ランク外」はそれ以下の順位。

要するに、東京23区の「住みたい区」の順番は、中心部を筆頭に西、次いで南方向で高く、北や東は弱い。図表1に示した6年間のトップ10のすべてに、北ないしは東の方向にある区はひとつも入っていない。

どうも東部3区にとって耳が痛い話だ。実際、図表2を見ればわかるように、東部3区の中で一番ランクが高い江戸川区でも、23区内の順位は下から数えた方が早い。葛飾区と足立区はブービー（下から2番目）を争っている。

ちなみに、2017年も2018年も、最下位は荒川区。下から4番目にあたる20位は墨田区。やはりどちらも東京の東に位置する。中→西→南→北→東。23区の人気ランキングはきわめてはっきりしている。

「住みたいまち」は「売りたいまち」のこと

多くの人が住みたいと望むまちは、当然の結果として多くの人が移り住み、人口が増えるはずだ。

ところが、実際はそうなっていない。「住みたい区」の順位と2010年～2015年の人口増加率の順位間の相関係数（スピアマンの順位相関係数法による、以下同）は0・42にとどまる。

理想と現実が一致しないのは、住みたいけれど住めない人が多いからだという指摘は必ずしもあてはまらない。「住みたい区」トップの港区の人口増加率は2位。「住みたい区」3位の千代田区の人口増加率は1位。その一方で、「住みたい区」2位の世田谷区は人口増加率が15位。家賃も物価も高い港区や千代田区なら、「住みたいけれど住めない」人が多いだろうと考えられるが、実態はそうなっていない。

蛇足になるが、「住みたいまち」と人口増加率が相関しないのは、23区に限った話ではない。

例えば、「住みたい自治体」の関東全体のランキングで、2017年まではトップ10入りし、2018年でも12位と高位を保っている鎌倉市は人口が減っている。

リクルート社の調査名には「みんなが選んだ」という冠がつく。調査に答えたのは普通の人たち。都市問題を研究している学者や、不動産ビジネスのプロが回答を寄せたのなら、人口の動向をはじめとした今日的な状況や将来的な見通しなどが調査結果に反映されてくる。

しかし、プロではない人にそんな難しいことを求めても無理。あくまでもいまという時点を切り取ったときの、漠然としたブランドイメージが結果となって現れてくる。

実は、「住みたい区」の順位と強い相関を示す指標がある。地価と所得水準だ。2018年1月1日時点での各区の住宅地の平均地価（公示地価）の順位と「住みたい区」の順位相関係数は0・82。所得水準（『統計でみる市区町村のすがた』に基づく、2016年の納税義務者1人あたりの課税対象所得額）との順位相関係数はなんと0・91。ほぼ一致している（図表3参照）。

図表3 「住みたい区」の順位と地価・所得水準の順位（上位・下位各7区）

順位	住みたい区	住宅地平均地価	所得水準
	2018年	2018年	2016年
1位	港	千代田	港
2位	世田谷	港	千代田
3位	千代田	中央	渋谷
4位	目黒	渋谷	中央
5位	文京	目黒	文京
6位	渋谷	文京	目黒
7位	新宿	台東	世田谷

順位	住みたい区	住宅地平均地価	所得水準
	2018年	2018年	2016年
17位	江戸川	荒川	墨田
18位	台東	墨田	荒川
19位	板橋	板橋	北
20位	墨田	練馬	江戸川
21位	足立	江戸川	板橋
22位	葛飾	葛飾	葛飾
23位	荒川	足立	足立

出所:住みたい区は『SUUMO住みたい街ランキング 関東版』
住宅地平均地価は『地価公示』(国土交通省)
所得水準は『統計でみる市区町村のすがた』(総務省)

地価が高く、お金持ちがたくさん住んでいるまち。それは私たちの憧れであると同時に、不動産事業者にとっては儲けが大きい「売りたいまち」にほかならない。だから彼らは、より多くの甘美な情報を流し、ブランドをますます高めようとする。「住みたいまちランキング」の提供者の多くが不動産関連事業者であることを考えると、これは彼らの情報宣伝活動の一環なのかもしれないとさえ思えてくる。

西部山の手人気はもう時代遅れ

一度定着するとブランドは独り歩きを始める。そうなると実態との間に合わない部分が生じてきても、イメージはなかなか修正されない。その代表が西部山の手人気、なかでも西部山の手の雄ともいえる世田谷人気だ。

2000年代前半の東京ウォーカーの『住みたい街ランキング』を見ると、トップを下北沢と三軒茶屋が争っていた。1995年～2000年の世田谷区の人口増加率は23区中の5位。1990年～1995年では、江戸川区と練馬区以外の21区で人口が減っていたが、世田谷区は減少率が低く、総合順位は4位（図表4参照）。このころまでの世田谷は、「住む」と「住みたい」が一致し、ブランドが実態を伴っていた。

図表4には、世田谷区のほかに、杉並、目黒に練馬区を加えた「西部地区4区」と都心3区のデータを合わせて示しておいた。近年目黒区の順位が回復しており、都心型への移行の兆しが見られるものの、「住む」という視点からみたまちの人気は、東京西部において押しなべて低下傾向にある。

逆に、「住む」と「住みたい」が一致するようになったのが都心3区だ。1990年代の「住みたいまち」の調査は見あたらないが、都心は昔から高地価、高所得のまちだったし、麹町に代表されるようなお屋敷街もあった。1990年代というと、港区では

図表4　西部地区4区と都心3区の人口増加率の推移(%)

地区	区名	90〜95年	95〜00年	00〜05年	05〜10年	10〜15年
西部地区4区	世田谷	▲1.0	4.3	3.2	4.3	3.0
		(4位)	(5位)	(15位)	(13位)	(15位)
	杉　並	▲2.6	1.2	1.2	4.0	2.6
		(8位)	(15位)	(19位)	(16位)	(16位)
	目　黒	▲3.2	2.9	5.6	1.6	3.5
		(9位)	(9位)	(11位)	(20位)	(13位)
	練　馬	2.8	3.5	5.2	3.4	0.8
		(2位)	(7位)	(13位)	(18位)	(20位)
都心3区	千代田	▲11.9	3.6	15.9	12.8	24.0
		(23位)	(6位)	(3位)	(3位)	(1位)
	中　央	▲6.1	13.5	35.7	24.8	15.0
		(20位)	(1位)	(1位)	(1位)	(3位)
	港	▲8.6	10.0	16.6	10.4	18.6
		(22位)	(2位)	(2位)	(4位)	(2位)

出所:『国勢調査』
＊　下段のカッコ書きは23区中の順位。

「億ション」が話題を呼び、中央区のウォーターフロントにはタワーマンションが建ち始めた時期でもある。都心は、当時から「住みたいまち」としてのブランド力が高かったと想像される。

都心区の人口が１９９０年代の後半から急増した背景には、都心に住むことによって通勤時間を短くし、余った時間を自分や家族のために使うという新たなライフスタイルの定着が存在している。逆もまた真で、都心まで遠い世田谷や杉並や練馬は、ブランドは高くても敬遠される傾向が、徐々に始まり出している。

まちの将来のカギを握る30代の人口の直

近5年間の増加率（章末注に記すとおり杉並区を除く）は、千代田区が1位、港区が3位、中央区が4位。都心人口の増加は、30代がその中心を担っている。それはとりもなおさず、通勤に時間をかけないという生活の実践者が、若い世代中心であることを意味する。一方、世田谷区は30代の増加率が最下位。西部山の手ブランド、世田谷ブランドは、若いファミリー層にとってもはや過去のものへと化しつつある。

これからは下町の時代がやってくる

右に紹介した30代の人口増加率で、都心3区の中に割って入る2位は台東区。リクルート社の調査結果に基づく「住みたい自治体ランキング（2018年）」では、23区中の18位に甘んじる「低人気区」の台東区である。

わが国全体が人口減少時代に突入した今日、東京一極集中とはいっても人口増加の勢いは弱まりつつある。23区全体でみると、2005年~2010年の5・4％増から2010年~2015年は3・7％増へと1・7ポイントの低下。東京の過半の区で、同じように人口増加率が低下している。

そんな中、人口増加の勢いがまだまだ衰えを見せない都心を除いても、人口増加の傾向が大きく加速した区がある。その筆頭は、人口増加率が0・6%から9・8%に、順位は最下位の23位から5位に一大躍進を果たした渋谷区だ。そして、もうひとつが台東区（増加率：6・5%↓12・6%、順位：10位↓4位）。同じように、江東区の清澄白河、森下、住吉、門前仲町、木場、東陽町など同区の西北部（いわゆる深川地区）、墨田区の両国近辺（いわゆる本所地区）、品川区の五反田・大崎駅の南側や青物横丁、鮫洲など京急本線の沿線でも、人口増加の勢いが増している。

まちの大改造が進行中の渋谷はわかるとして、台東、江東、墨田、品川などで人口が増えているのはなぜなのか。答えは2つで、都心に近いことと下町であること。もう少し正しくいうと、この2つの掛け算にある。

筆者はこの動きを「中心部居住の本質回帰」と呼んでいる。詳しくは、拙著『23区大逆転』に記したが、先にも指摘したとおり、中心部居住の「本質」は通勤時間を短くし、時間をより有効に使おうとするところにある。

しかし、都心に住んでこれを実現できるのは、経済的に余裕がある一部の選ばれた人たちだけ。つまり彼らにとって都心居住は、新たなライフスタイルを体現することと、都心に住むというステータスを得ることの2つの意味の掛け合わせがある。

このうちステータス部分を切り捨て、中心部居住の本質的な利点だけを得ようとするのが「下町ライフ」の動きだ。下町ライフでは、ステータスを捨てた代わりにコストパフォーマンスに優れた生活を手にすることができる。リクルート社の定義に従うなら「穴場ライフ」。穴場ライフの実践者は、千住だけでなく、いま東京で着実に増え始めている。

分かれ道に立つ東部3区の未来

もう一度、図表1に戻っていただきたい。

23区のトップ10のうち、関東全体のトップ10に入っていた区の数は、2013年には7つ。4位（鎌倉市）と5位（武蔵野市）と6位（横浜市中区）に23区以外の自治体が入っていた。

こうした23区内と23区外の綱引きは、年々23区の優勢が進んでいき、2018年にはトップ10のすべてを23区が占めるようになった。23区内で生じている中心部優位の状況が関東圏全体で進み、いまや23区ひとり勝ちの状況が生じているのだ。

その背景を形作っているのもまた、圧倒的なビジネス集積を誇る東京都心への近さにある。その意味で、都心居住から下町居住へと広がりを見せている中心部居住のトレンドは、今後中心部の範囲をより拡大させていくだろうと予想させる。

葛飾区の新小岩から東京まで13分。江戸川区の葛西から大手町まで15分。足立区では北千住はもとより、西新井でも大手町まで乗り換えなしで30分かからない。埼玉県や千葉県から毎日満員電車に揺られて通勤している人にとってみれば、東部3区だって中心部居住の条件を十分に満たしている。コストパフォーマンスの高さとなれば、こちらは文句なしの合格点だ。

同時に東部3区は、後述するようにこれから乗り越えていかねばならない数々の課題を抱えている。豊島、中野、北、板橋など、今後確実に拡大していくだろう中心部居住の受け皿争奪戦に、先手を打って名乗りをあげようとするライバル区も数多い。このままマイナスイメージのまちで終わり続けてしまうのか。それとも起死回生の逆転打を放つことができるのか。
東部3区の未来は、いまその微妙な分かれ道にさしかかっている。

2 「東京の辺境」を生む背景と実態

伸び悩む人口、進む高齢化

東部3区の微妙な位置は、まちの未来を占う最も基本的な指標である人口の動向に象徴的に現れている。

2015年の『国勢調査』で、前回の2010年調査と比べ足立区の人口は▲1・9%の減少を示した。『住民基本台帳人口』は、2011年3月11日の東日本大震災後に一時的な混乱があったものの、それ以降は増加を続けており、どうして国勢調査の人口が減ったのかはよくわからないというのが正直なところだ。

ただし、住民基本台帳人口をみても、2013年6月~2018年6月の5年間で足立区の増加率は23区で最も低い。葛飾、江戸川の両区も低レベルにあることに変わりは

図表5 住民基本台帳による過去5年間の日本人人口増加率(13年6月~18年6月)

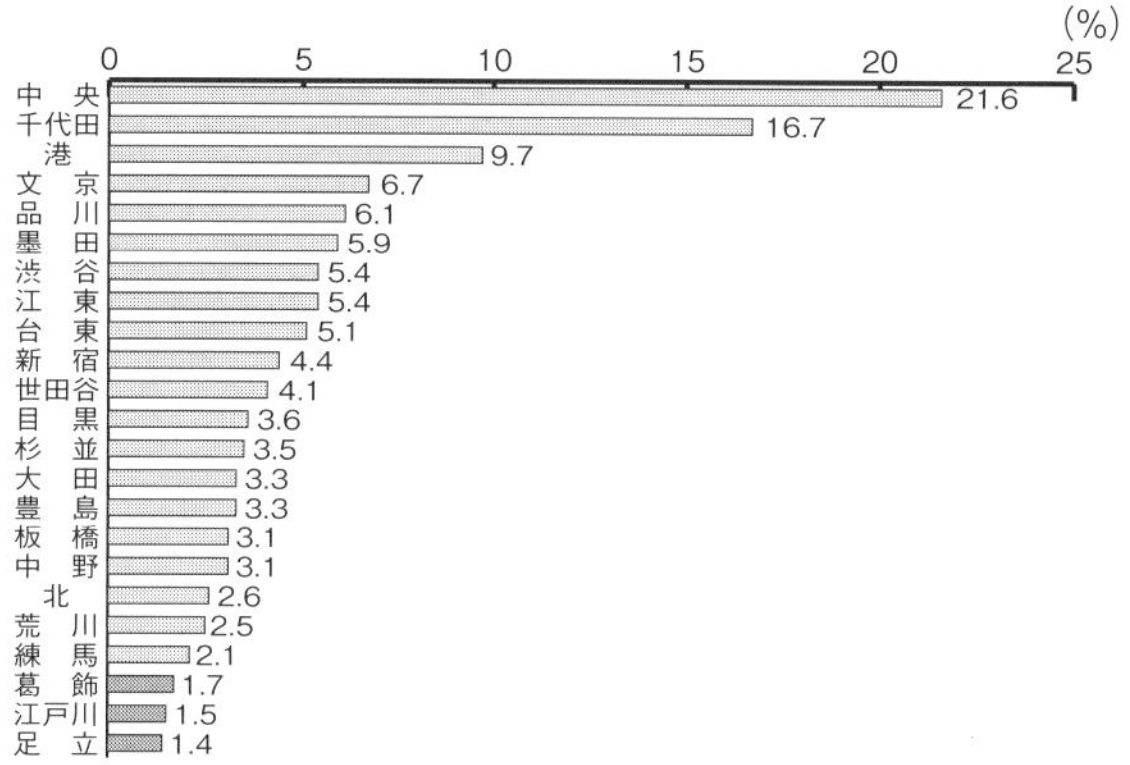

出所:『住民基本台帳による世帯と人口』(東京都)

ない。近年の東京の人口動向は、外国人の動きに左右されているところがある。国際化が進む東京で、日本人と外国人を分けることにどれほどの意味があるのかという見方もできるが、まちの実力評価を考えたとき、やはり日本人の動向が気になるのは否定できない。

その日本人の人口に限ってみると、東部3区は23区のボトム3に勢揃いしてしまう(図表5)。

高齢化の進展も深刻な様相を示す。2015年の高齢化率(65歳以上の割合)は、23区最高の北区に次いで足立区が2位、葛飾区が3位。これら3区は、いずれも23区

図表6　高齢化率（2015年）

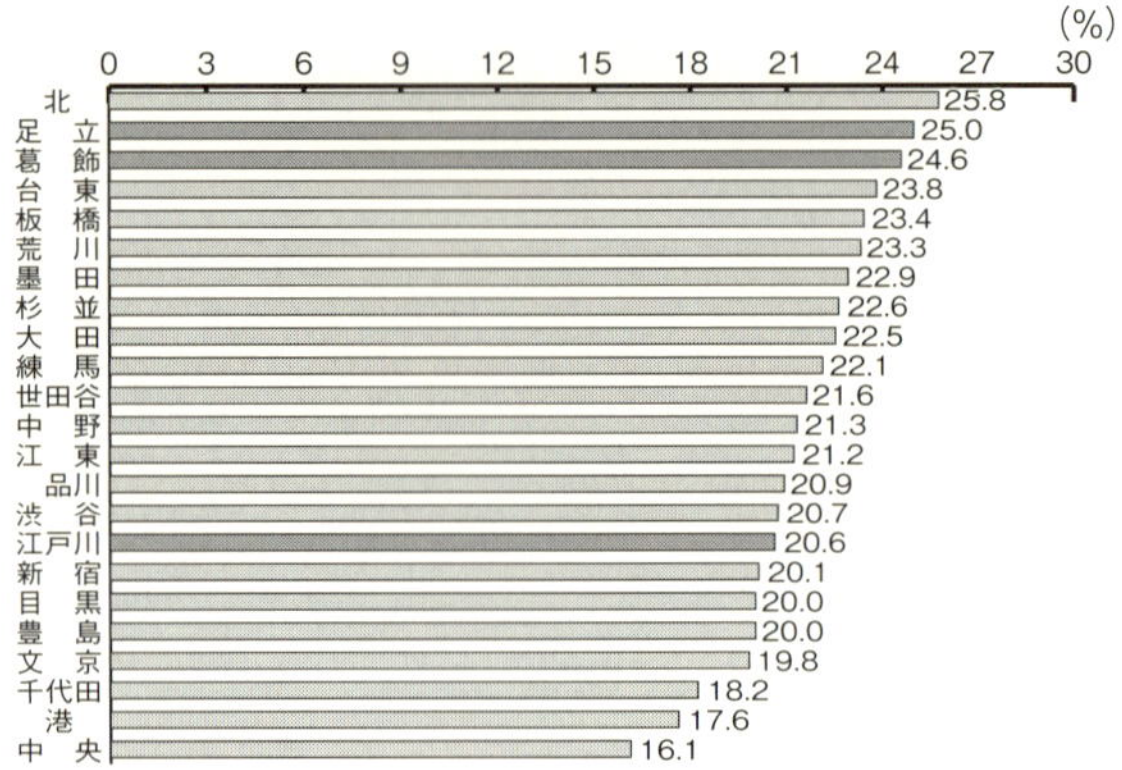

出所:『国勢調査』

の平均（22・０％）を大きく上回るだけでなく、全国平均値（26・６％）に迫るレベルを示す（図表６）。

一方、１９９０年代に人口増加率が23区で最高を示していた江戸川区は、23区の中で最も開発が遅れた場所だったことから若い区という特徴が強く、２００５年までは高齢化率が23区で一番低かった。しかし、21世紀に入って人口増加傾向が頭打ちを示し始めると、過去の遺産は次第に食いつぶされていき、２０１５年の高齢化率は16位にまで上昇している。

東京は人口が増え、高齢化の進展にもまだゆとりがある。ここにこそ、人口が減り、高齢者が取り残されて高齢化だけが進んでいる地方部と比べた東京の活力の最大の源がある。だとすれば、人口が伸び悩み、高齢化が進む東部3区は、東京の発展の中に取り残されてしまいかねない大きな危機と背中合わせにあることになる。

「カンオケ」化へのカウントダウンが始まった

人口が減り、少子高齢化が進むと、やがてまちが消えていく道を歩んでいかざるを得なくなる。23区の中でも消滅可能性が高い区があると、ひところ大騒ぎになった。だが、筆者は自信をもってこう答えることができる。少なくとも30年、40年のスパンで、消滅の危機に直面する区はない。それは、東部3区においても変わりはない。

しかし、様々な課題が噴き出し、多くの人々がいまと同じような暮らしを続けていくことができなくなるのは間違いない。なかでも最たる課題のひとつが、人口バランスの崩壊だ。人口バランスの崩壊というとなんだか難しそうだが、「ひとりの高齢者を支える現役世代が何人か」という話だといい換えればおわかりだろう。人口ピラミッドを見れば、人口バランスの崩壊具合がよくわかる。

人口ピラミッドとは、下から幼→少→若→中→高と年齢順に人口の数を積み上げていったもの。下に行けば行くほど人口が多くなる裾広がりの「富士山型」から、少子化の進行に伴って、「釣り鐘型」「つぼ型」と進んでいく。さらに少子高齢化がきわまると、70代、80代のお年寄りの数が最も多くなり、下が一気に狭まっていく不安定きわまりない形を示すようになる。西洋の棺桶に似ていることから、「カンオケ型」という物騒な名前で呼ばれることもある。

人口ピラミッドがカンオケ型化すると、人口バランスは完全に崩れてしまう。わが国は現在、まさにカンオケ化の瀬戸際にある。１９４７（昭和22）年〜１９４９（昭和24）年の戦後ベビーブームの時代に生まれたいわゆる「団塊の世代」が75歳を超え、後期高齢者になる２０２５年になると、カンオケ時代が否応なく訪れる。「２０２５年問題」と呼ばれるそのときに向けて、すでにカウントダウンが始まり出している。

30代から見放され始めたまち

カンオケ化を防ぐには、国全体としては少子化の流れを変えるしかないが、まちのレベルなら特効薬がある。30代の人口を増やすことだ。30代は、子どもを生み人口を再生産する最大勢力となる世代だ。住宅取得適齢期ともいわれ、引っ越しする人の数が多く、かつまちへの定着が始まるときでもある。これまで、「30代の動向がまちの将来を考える上でのカギを握る」と繰り返してきたのもそのためだ。

先にも紹介したとおり、２０１０年～２０１５年の５年間で、30代の増加率が最も低かったのは世田谷区だが、これに次いで低いのが足立、江戸川、葛飾の東部３区。「世田谷人気の時代は終わった」と、他人事のように構えてはいられない。世田谷のように陽の目を見ることもなく、東部３区は沈没の運命を迎えようとしている。

２０１０年～２０１５年の５年間に、23区全体の30代人口は▲５・９％の減少を示した。全国ベースで見ると▲13・９％の大幅減だ。

これは、２０１０年時点で30代だった１９７１（昭和46）年～１９７４（昭和49）年生まれの第2次ベビーブーマーが、２０１５年には40代に移行したためである。だとすれば、全国の平均より以上に30代が減っているということは、30代に見放されていることになる。23区全体は、なるほど30代の人口は減ってはいるものの、まだ30代に見放さ

図表7　高齢化進展度（2010年～2015年）

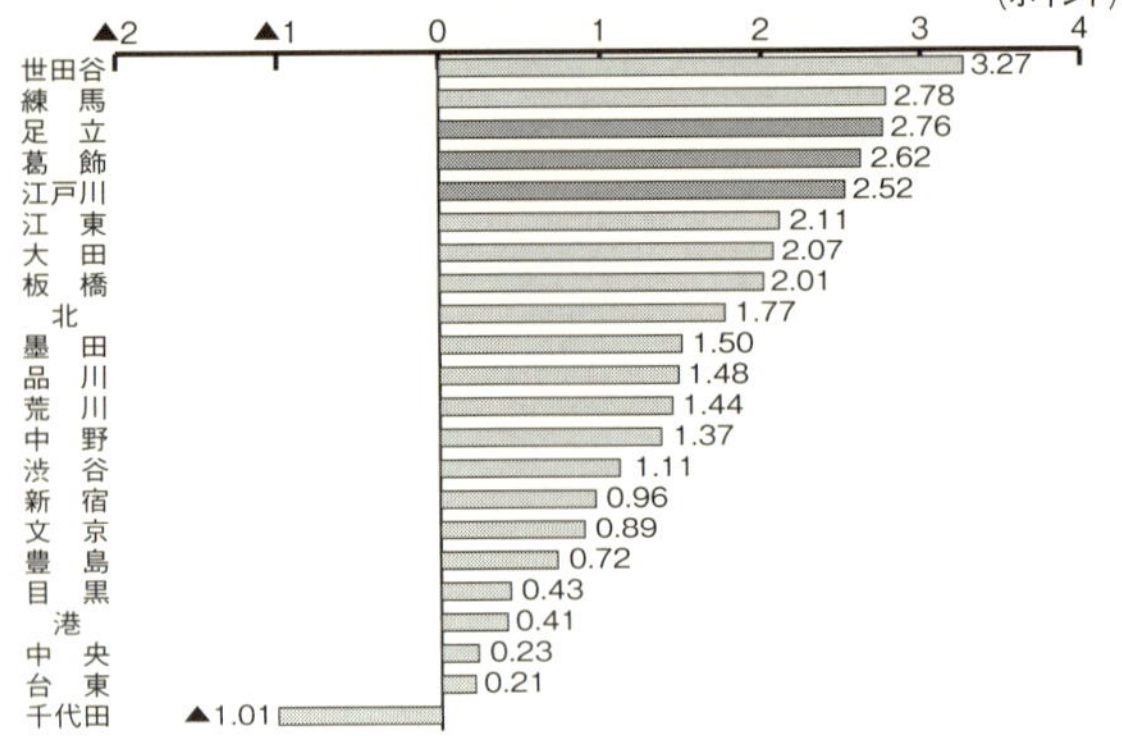

出所：『国勢調査』

＊　2010年『国勢調査』で年齢別人口が特異値となった杉並区を除く。

れてはいない。30代に見放されている区は4つある。世田谷、足立、葛飾、江戸川の4区だ。世田谷人気の凋落《ちょうらく》を、ますます笑って済ませられなくなる。

30代が減ると、まちはどうなる？

では、30代が減るとまちはどうなるのか。最初に現れるのが、高齢化の加速だ。

図表7に示した「高齢化進展度」は、2010年の高齢化率と2015年の高齢化率の差、つまり高齢化がどれほどのスピードで進んでいるかを示す指標である。高齢化が進むのは致し方ないとしても、それがゆっくり進むのならまだ対処のしようもあ

る。しかし、急に進むと混乱だけが噴き出してしまう。図表7（＊）は、そんな混乱度の高さを示すデータだと考えていただいていい。

30代の増加率が全国平均を大きく下回る世田谷区ほどではないにしても、東部3区でも高齢化がハイスピードで進んでいることがわかるだろう。

図表7と図表6を見比べると、足立や葛飾は早晩23区で一番高齢化したまちになりかねない。いまは高齢化率が低い江戸川も、一気に高齢化が進んでいく恐れがある。

東京随一の「三平のまち」

世田谷や杉並、練馬など東京の西部と比べ都心への交通の便に優れる東部3区が、若いファミリー層から見放されようとしているのは、実際の距離は近くてもイメージとしての距離が遠いからにほかならない。東部3区は東京随一の「三平のまち」だ。

バブルのころ、若い女性が男性に求める条件は、高収入、高学歴、高身長の「三高」であるとされた。その後時代が変わっていくに従って、女性が求める男性像は平均、平凡、平穏の「三平」に変わっていったという。しかし、世が再びバブルの様相を帯び始めた今日、女性の志向が「三高」に回帰しつつあるとの説もある。

ちなみに、お隣の中国での「三高」とは、高収入、高学歴、高職位を指すそうだ。ただし、対象は男性ではなく女性。敬遠される女性の3条件だというから意味は全く逆になる。

以下、日中混合の考えに立って、高収入、高学歴、高職位を「三高」の条件と考え、東部3区の「三平」の実態を改めて振り返ってみることにしよう。

所得水準は港区の3分の1にも及ばない

まずは収入から。2016年の所得水準が23区で一番高いのは港区。1000万円を大きく超えている。誤解がないようにつけ加えておくが、これは世帯あたりではなく、1人あたりの数値である。逆に低い方は、下から足立区、葛飾区、板橋区、江戸川区。港区と足立区では、3・3倍もの開きがある。東部3区の中では一番高い江戸川区でも、港区との差は3倍を超える（図表8）。

足立区の最下位は、過去20年間ずっと続いている。葛飾区も同じ。江戸川区は、20年

図表8　所得水準（2016年）

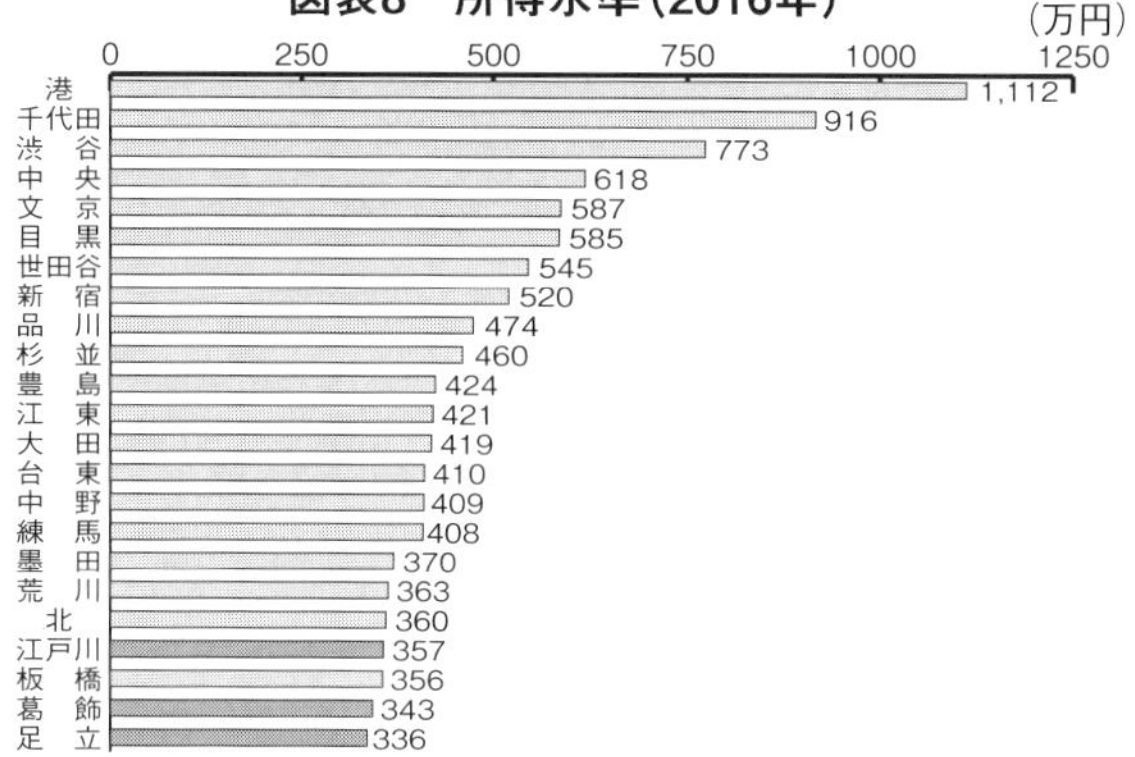

出所：『統計でみる市区町村のすがた』（総務省）
＊　納税義務者1人あたりの課税対象所得額。

近く前（１９９７年）の18位からだんだん順位を下げ、２０１４年と15年が21位、16年には１つランクを上げたが、下位ランクにあることに変わりはない。上位の方も、１９９９年にそれまで１位だった千代田区と２位だった港区の順位が入れ替わったものの、３位はずっと渋谷区で、こちらも大きな変化はない。

変わっているのはトップとボトムの差だ。１９９７年には当時１位だった千代田区と足立区の差は２倍を下回っていた。差はなぜ広がったのだろうか。

過去20年間で所得水準が高くなった区が10区ある。図表８で１位の港区から９位の品川区までの9区と12位の江東区だ。江東区で所得水準が上昇したのは、豊洲地区のタワーマンション族が増えたためだと考えられる。

細かくいえば、各区の所得水準の動きには凹凸がある。後述する港区のように上位の区には上位の区なりの、下位の区には下位の区なりの変動がある。東部3区についていえば、2011年~12年を底にして、近年わずかながらではあるが上昇傾向が続いている。しかし、大きなトレンドとしてみれば、同じ区内に豊洲地区という異なる特徴をもったエリアを抱える江東区を例外として、所得水準が高い区はますます収入が増え、逆に低い区はますます収入が減っている。上が増え、下が減って差が広がっているのだから、これはもう構造的な格差の拡大というしかない。

高所得には高所得なりの悩みもあるが……

それにしても3倍の差は大きすぎる。実は高い方が異常なのだ。図表8に示した数値は課税対象所得額であり、株や不動産などによる資産所得も含まれている。

過去10年間で、港区の所得水準が一番高かったのは2014年の1267万円、二番目が２００８年の１１２７万円、一番低かったのが２０１１年の８７８万円。３年間で22％減った後、次の３年間で44％増と、ジェットコースターのような変動を見せた。この背景には、その時々の経済情勢がある。２００８年は秋にリーマンショックが起きた年。２０１１年はリーマンショックの影響から抜け出せないまま東日本大震災に襲われた年。２０１４年はアベノミクスへの期待が高まった年。港区の所得水準にはバブルな要素が上積みされている。

高所得区には高所得なりの悩みや課題があり、手放しで羨ましがってはいられない面もある。だが、そうはいっても、東京の所得格差は大きい。しかも強者と弱者の位置関係は固定され、格差はさらに拡大を進めている。そして、その底辺に東部３区があることは、やはり否定のしようがない。

学歴から見えてくる階層社会の実態

学歴に関する『国勢調査』のデータは、10年に一度の大調査に限られるため、現時点では２０１０年のものが一番新しい。大卒者（大学院を含み、短大を除く）の割合が23

区で最も高いのは千代田区（53・4％）。以下、港区（52・2％）、文京区（51・5％）と続き、この3区は大卒者が過半を占める。ちなみに45％以上にまで対象を広げると、中央、世田谷、渋谷、杉並、目黒の各区が加わり、高所得のまちが勢揃いする。

一方、低い方はやはり東部3区で、足立区（19・9％）、葛飾区（23・6％）、江戸川区（24・9％）の順。荒川、墨田、板橋、北を加えた7区が20％台に並び、こちらも所得と一致する。東京では、所得と学歴によって上流、中流、下流が明快に分かれた階層社会が形成されている。

では、子どもの大学進学率はどうなのだろうか。『学校基本調査』では、高校の所在地別に大学等（こちらは短大を含む）への進学率が公表されている（図表9参照）。

大きな構造は、親の学歴と概ね変わりがない。そんな中で目につくのが、世田谷区が11位、中央区が15位にランクを下げていることだ。逆に親の学歴水準はそれほど高くないにもかかわらず、子どもの進学率が高いのが北区で、世田谷区を上回る9位にランクインする。実は大学進学率は、公立高校に比べて私立高校の方がはるかに高い。そのため私立高校の集積状況によって、進学率の数値は変わってくる。中央区は公立高校の進

図表9　大学進学率（2017年）

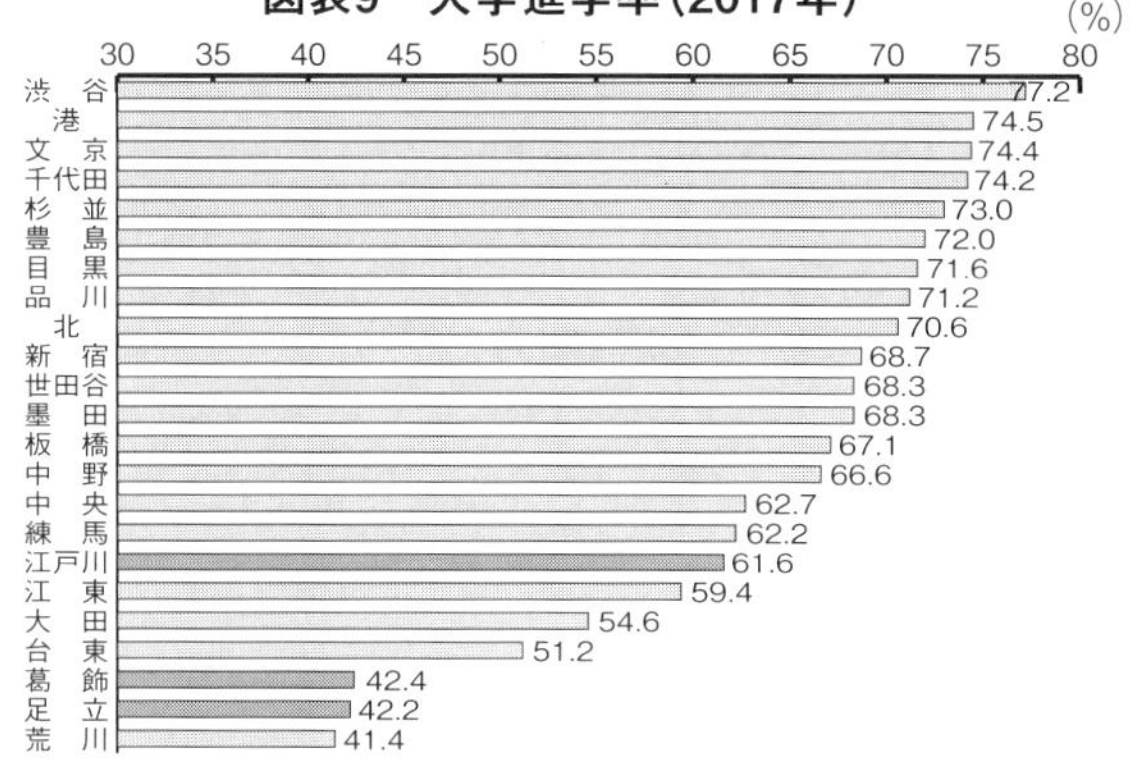

出所:『学校基本調査』（文部科学省）
＊　高校所在地ベースの集計で、短大進学者を含む。

学率は8位で、高校生全体の進学率が低いのは私立高校が少ないためだ。逆に公立高校の進学率が19位と低い北区は、進学率の高い私立高校が多いことから全体の数値が高くなっている。世田谷区は公立高校の進学率が18位、私立高校が13位と、親の学歴の割にはどちらもそれほど高くない。成績がいい子は、区外の有名進学校に通うのだろうか。

　さて、東部3区はというと、足立区と葛飾区は高校生全体でみても、公立高校に限ってみても21位ないしは22位の低ランクに甘んじている。江戸川区は高校生全体では下位グループに属するが、公立高校は10位と結構頑張っている。親の学歴は低くても、子どもは授業料が安い公立高校に通って大学を目指す。暗い話題が続いた東部3区に一筋の光が差し込んだようなニュースだといえなくもない。

余談ながら、大学進学率最下位は荒川区。東大合格者数ダントツの1位を誇り続けるあの開成高校がある荒川区だ。まあ、開成高校の生徒は、オール首都圏なのだろうが。

平凡なまちには平凡な仕事？

「三平」のトリは職位。難しくいうと「職位」と「役職」は違うそうだが、ここではほぼ同じことだと考えよう。それなら「高職位」の代表は会社の役員だ。働いている人に占める役員の割合が多いトップ2は港区と千代田区。少ないのは板橋区と北区。東部3区は19位〜21位で、低いことに間違いはないが最低ではない。しかし、映画『男はつらいよ』で寅さんと丁々発止を繰り返すタコ社長も立派な役員さんだ。名刺の肩書は役員でも、その内実は色々ある。

筆者は、「エスタブリッシュメント層」と名づけた独自の「高職位層」を設定してい

図表10 エスタブリッシュメント層の割合（2015年）

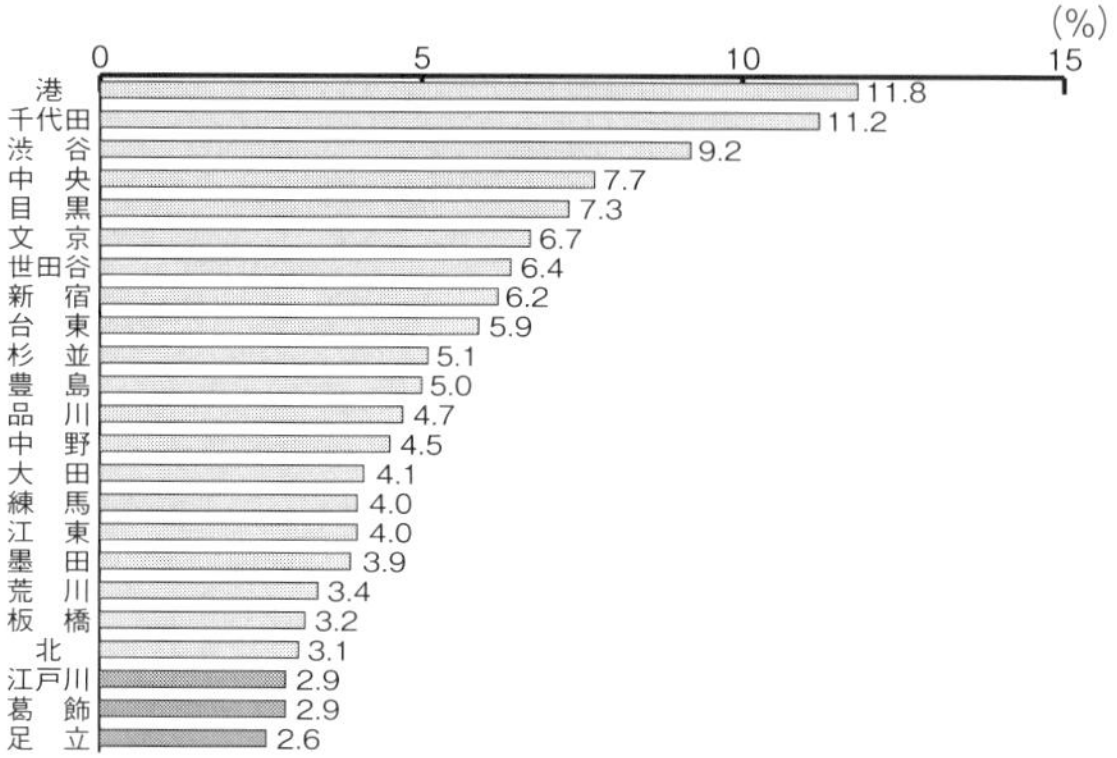

出所:『国勢調査』

る。定義は、役員のうち専ら管理的な仕事ないしは専門技術的な仕事に携わっている人と、管理的な仕事についている正社員の数を足し合わせたもの。自ら印刷工場の現場で汗を流すタコ社長は、ここでお引き取りを願うことになる。

図表10に示したように、この指標でみると東部3区はまたもボトムに沈んでしまう。23区全体を見渡しても、順位の顔ぶれは他の「三高」指標と大差がない。平凡なまちには平凡な仕事がよく似合うということなのだろうか。

いずれも港区と足立区の比較で、所得格差は3・3倍、学歴格差は2・6倍、進学格差は1・8倍、職位格差は4・5倍。まちのブランドは、実態があって生まれてきたのだろうが、いまではブランドが先行し、実態をより深刻化させている面も否定できない。このままでは、ますます格差が拡大を続けていくことになってしまう。

イメージ論では済ませられない防災問題

ある人が、以前筆者にこういった。「『住めば都』の言葉どおり、どんなまちにだって、いいところもあれば課題もある。ブランドとかイメージとかを気にする人が多いのは事実だが、所詮他人が決めたものだ。それはわかっているけれど、防災のことを考えると東京の東部には住む気がしない」。

東京は、西と東で地盤が異なる。西は強固な武蔵野台地。東は、荒川が運んできた土砂がたまってできた沖積低地で、揺れに弱い。加えて東京の東部には、木造密集地域という課題が重なるから、いざ大地震に襲われたときのリスクが大きくなると考えるのも無理はない。

東京都は、地震による建物倒壊の危険度、火災の危険度、災害時活動の困難度、さら

図表11　危険度ランク4以上の町丁目の面積割合

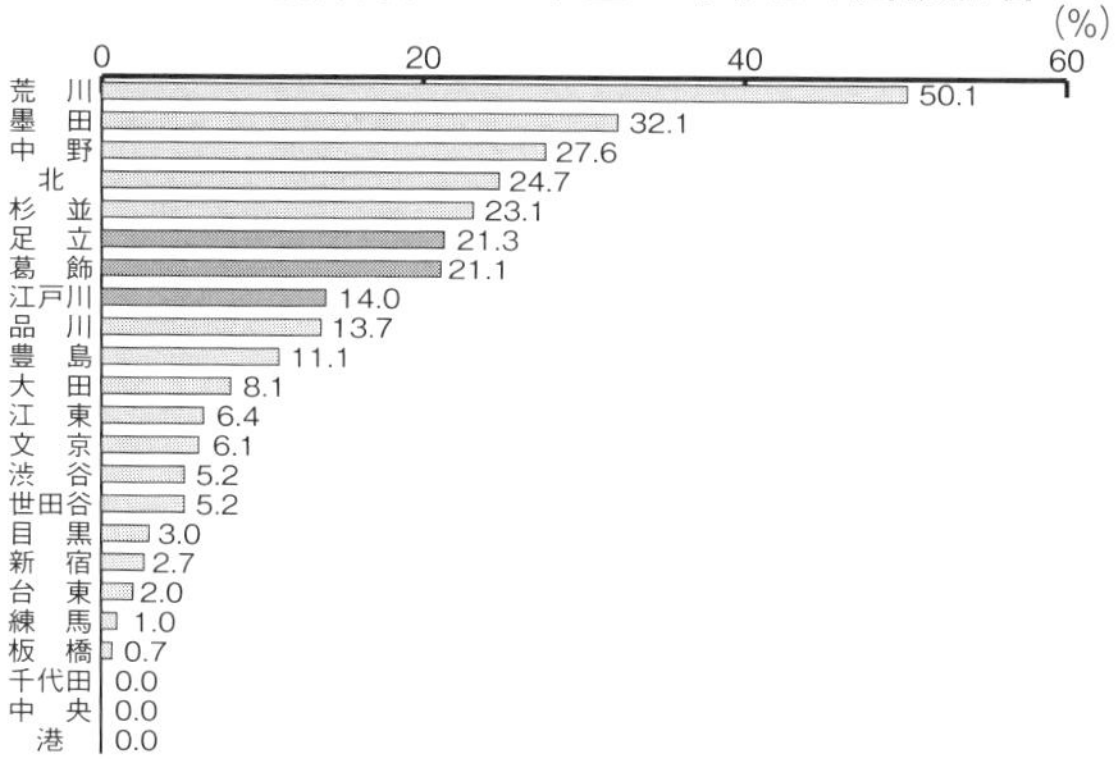

出所:『地域危険度一覧表』(東京都、2018年2月)に基づき作成

にこれらを合わせた総合危険度を、町丁目別に5段階に分けて評価した『地域危険度一覧表』を公表している。図表11は、2018年2月に公表された同調査の最新結果から、総合危険度ランクが5ないし4とされた町丁目を抜き出し、その合計面積の区全体に対する割合を示したものだ。危険度ランク5ないし4といわれても実感が伴わないかもしれないが、23区全体でみれば約1割にあたる。つまり、東京の中でも特に地震の危険度が高い上位1割の場所ということになる。

危険な場所が一番多いのは荒川区。何と区の半分を占める。墨田区も3分の1が危険地区とされている。中野区が3位に、杉並区が5位に入っているように、危険な場所が多い区は東京の東側だけではないが、地震のリスクが東部に偏っていることは間違いない事実だ。東部3区も、足立区が6位、葛飾区が7位、江戸川区が8位と、上位に顔を並べている。なかでも「穴場のまち」千住地区は、62％が危険エリアに指定されている。この情報を先に出したら、リクルート社の調査結果も変わってくるかもしれない。

断水への覚悟は絶対に不可欠

図表11の地震危険度は、地盤や建物の実態、あるいは道路の整備状況といった物理的な側面から、地震被害の危険性を大きな目で把握することを目的としている。従って、実際に大地震に見舞われたときに生じるだろう被害の想定とは、必ずしもイコールではない。そこで東京都は、様々な条件下で想定される大地震の被害の、より詳しく、より具体的なシミュレーション予測を併せて行っている。図表12〜14は、東京湾北部を震源とするM7・3の地震が、風速8ｍ／秒の風が吹く冬の夕方6時に発生したと設定した場合の被害の想定結果だ。読者の皆さんにとっても興味が強いことだろうと考えて、少

図表12 首都直下地震による被害の想定 - 建物被害

	建物全壊率(%)		建物焼失率(%)		建物滅失率(%)	
1位	荒　川	18.7	品　川	28.3	品　川	33.3
2位	墨　田	17.1	大　田	22.3	墨　田	30.5
3位	江　東	15.4	杉　並	18.7	荒　川	30.4
4位	台　東	14.9	目　黒	17.4	大　田	28.4
5位	中　央	10.2	墨　田	16.1	江　東	21.2
6位	大　田	7.7	荒　川	14.3	杉　並	21.1
7位	文　京	7.6	江戸川	12.3	目　黒	20.7
8位	江戸川	7.2	世田谷	12.1	台　東	20.1
9位	足　立	7.0	足　立	11.2	江戸川	18.6
10位	葛　飾	7.0	葛　飾	10.4	足　立	17.5
11位	品　川	6.9	中　野	10.0	葛　飾	16.7
12位	渋　谷	6.7	渋　谷	8.8	世田谷	15.0
13位	港	6.1	江　東	6.8	渋　谷	14.9
14位	新　宿	5.6	台　東	6.1	中　野	12.8
15位	千代田	4.4	文　京	5.2	文　京	12.4
16位	目　黒	3.9	新　宿	3.3	中　央	10.7
17位	北	3.8	豊　島	2.4	新　宿	8.7
18位	世田谷	3.3	練　馬	2.1	港	6.9
19位	中　野	3.1	北	0.9	豊　島	5.3
20位	杉　並	3.0	板　橋	0.8	北	4.7
21位	豊　島	2.9	港	0.8	千代田	4.4
22位	板　橋	1.8	中　央	0.5	練　馬	3.4
23位	練　馬	1.3	千代田	0.0	板　橋	2.5

出所:『首都直下地震等による東京の被害想定』(東京都、2012年4月)
*1　設定条件は、震源=東京湾北部、規模=M7.3、風速=8m/秒、時期=冬の夕方6時。
*2　出所、設定条件ともに図表13、図表14も同じ。

し詳しく記しておいた。

図表12は建物被害。全壊率は木造・非木造を問わず、区内の全建物に対する全壊が想定される建物の割合を、焼失率は同じく焼失が想定される建物の割合を示している。滅失率は壊れるか焼けるかしてなくなってしまう建物の割合を指すが、焼失率には倒壊して焼失するというダブル被害が含まれているため、全壊率と焼失率の単純な足し算とはならない。

図表13は人的被害。面積あた

図表13　首都直下地震による被害の想定 - 人的被害

	死者発生密度（人/㎢）		死者発生率（%）		死傷者発生密度（人/㎢）	
1位	墨　田	48.4	千代田	57.9	千代田	913.8
2位	台　東	47.8	台　東	27.4	中　央	729.5
3位	荒　川	41.4	墨　田	26.9	台　東	598.2
4位	品　川	34.3	品　川	21.3	墨　田	566.3
5位	千代田	23.5	荒　川	20.8	荒　川	481.0
6位	目　黒	22.6	大　田	15.5	港	458.6
7位	文　京	22.4	目　黒	12.4	文　京	395.2
8位	大　田	18.0	渋　谷	12.4	新　宿	388.6
9位	渋　谷	16.7	中　央	12.3	品　川	387.1
10位	杉　並	16.3	文　京	12.2	渋　谷	348.0
11位	新　宿	16.1	葛　飾	11.3	江　東	265.7
12位	中　央	14.8	足　立	10.4	目　黒	239.9
13位	葛　飾	14.4	杉　並	10.1	豊　島	222.8
14位	中　野	13.7	港	9.7	大　田	193.2
15位	足　立	13.4	江　東	9.7	足　立	183.2
16位	江戸川	12.1	新　宿	9.0	葛　飾	172.9
17位	世田谷	11.3	江戸川	8.8	中　野	168.6
18位	江　東	11.2	世田谷	7.5	江戸川	166.9
19位	港	9.8	中　野	6.8	杉　並	158.9
20位	豊　島	9.3	豊　島	4.3	北	143.9
21位	北	6.1	北	3.8	世田谷	139.5
22位	練　馬	3.0	練　馬	2.0	板　橋	85.1
23位	板　橋	2.5	板　橋	1.5	練　馬	70.8

りの被害発生密度、つまりどれだけ身近に人的被害が発生するかを基本としたが、夜間人口あたりの死者率も参考として併記しておいた。図表14はライフラインの被害だ。停電、通信不通、断水の3つを取りあげた。

建物の倒壊は荒川区、墨田区、江東区、台東区といった下町地域に被害が集中し、焼失は品川区、大田区、杉並区、目黒区など南部から西部の被害が大きい。冬の夕方という設定もあって、倒壊被害より焼失被害の方が大きいと想定されており、滅失率が一番高いのは品川区。同区では、区内の全建物の

図表14 首都直下地震による被害の想定 - ライフライン被害

	停電発生率(%)		通信不通率(%)		断水発生率(%)	
1位	墨田	61.8	品川	35.0	墨田	79.6
2位	台東	52.3	大田	23.9	江東	76.5
3位	荒川	48.7	杉並	19.7	江戸川	72.5
4位	品川	47.4	墨田	19.6	葛飾	71.2
5位	江東	43.4	目黒	18.4	中央	68.5
6位	中央	40.5	荒川	15.1	大田	67.9
7位	大田	36.8	世田谷	12.7	台東	61.1
8位	千代田	31.5	江戸川	11.6	荒川	58.3
9位	文京	30.2	足立	11.2	足立	52.7
10位	渋谷	27.9	渋谷	11.0	千代田	52.0
11位	目黒	26.4	葛飾	10.9	品川	46.2
12位	杉並	25.2	中野	10.6	港	44.5
13位	江戸川	25.2	文京	7.6	目黒	40.1
14位	葛飾	24.5	江東	7.6	文京	38.5
15位	足立	24.3	台東	7.3	渋谷	37.8
16位	港	23.4	新宿	4.6	新宿	34.3
17位	新宿	20.5	豊島	2.4	北	32.6
18位	世田谷	19.4	練馬	2.2	世田谷	30.8
19位	中野	17.7	中央	2.0	杉並	24.9
20位	北	11.3	港	1.9	中野	24.8
21位	豊島	10.0	北	1.7	豊島	23.9
22位	練馬	5.3	千代田	1.3	板橋	18.4
23位	板橋	5.3	板橋	0.9	練馬	17.2

3棟に1棟が滅失の難を被る。

東部3区は、23区の中では真ん中よりやや高めの位置だが、それでもおよそ6棟に1棟の建物が消えてしまうから、きわめて大きな被害を受けることに変わりはない。

東部3区でとりわけ強い覚悟を求められるのが断水の被害。葛飾区や江戸川区では7割以上、足立区でも5割以上が断水すると想定されている。水道の完全復旧には、1カ月以上かかるだろうといわれているからなお厄介だ。

東日本大震災の経験を踏まえるなら、津波のリスクも決して油断は許されないものの、液状化の危険性もしっかりと頭の中に入れておく必要がある。

液状化は海岸の埋立地で起きると考えがちだが、海岸でなくても埋立地はある。実は東部3区は、そのほとんどが埋立地だ。海岸の埋め立ては大規模な土木工事だし、公的な主体が進めるから、安全性にそれなりの配慮が払われている。これに対して、東部3区の大部分は田んぼの埋立地。高度経済成長の時代には、ダンプで運んできた土砂を投入し、地ならしして「はい、一丁あがり」といった手抜き工事も少なくなかった。このため、東部3区のほぼ全域が液状化危険地帯となる。図表11～図表14を見ればわかるように、大地震の被害は東京の東部に集中すると考えるのは神話に過ぎない。しかし、東部3区には、東部3区ならではのリスクが上乗せされることを忘れてはならない。

3　東部3区をめぐるもうひとつの評価

陰に潜む団地の存在

東部3区が抱える課題は、ため息をつきたくなるほど多くかつ重い。黒が圧倒的に優勢なオセロゲームの盤面を見ているようだ。しかし、まちは様々な要素が混ざり合って成立している。見方を変えれば、同じまちでも評価は大きく変わってくる。東部3区もまた然り。本節では、そんな東部3区のもうひとつの評価を追っていくことにしよう。

東部3区、なかでも足立区を中心に人口が伸び悩み、高齢化率が高く、所得水準が低い背景には、ある存在の影響がある。それは、東部3区と同じような課題をもつ北区にも共通している。団地、とりわけ都営住宅団地だ。

足立区は23区で一番都営住宅の数が多く、区内全世帯の1割近くを都営住宅居住者が占める。足立区に次いで都営住宅が多いのは江東区と北区だが、葛飾区や江戸川区も都営住宅団地の集積地区のひとつに数えることができる。

UR都市機構や住宅供給公社の賃貸住宅を加えた公的賃貸住宅全体では江東区がトップ、北区が2位。しかし、3位の足立区をはじめ東部3区に団地が多いことに変わりはない（図表15）。

しかも、東部3区や北区の団地は、1960年代～70年代に建てられた古い団地が多いというもうひとつの特徴がある。「団地問題」という言葉を耳にされたことがある

図表15　公的賃貸住宅の割合（2015年）

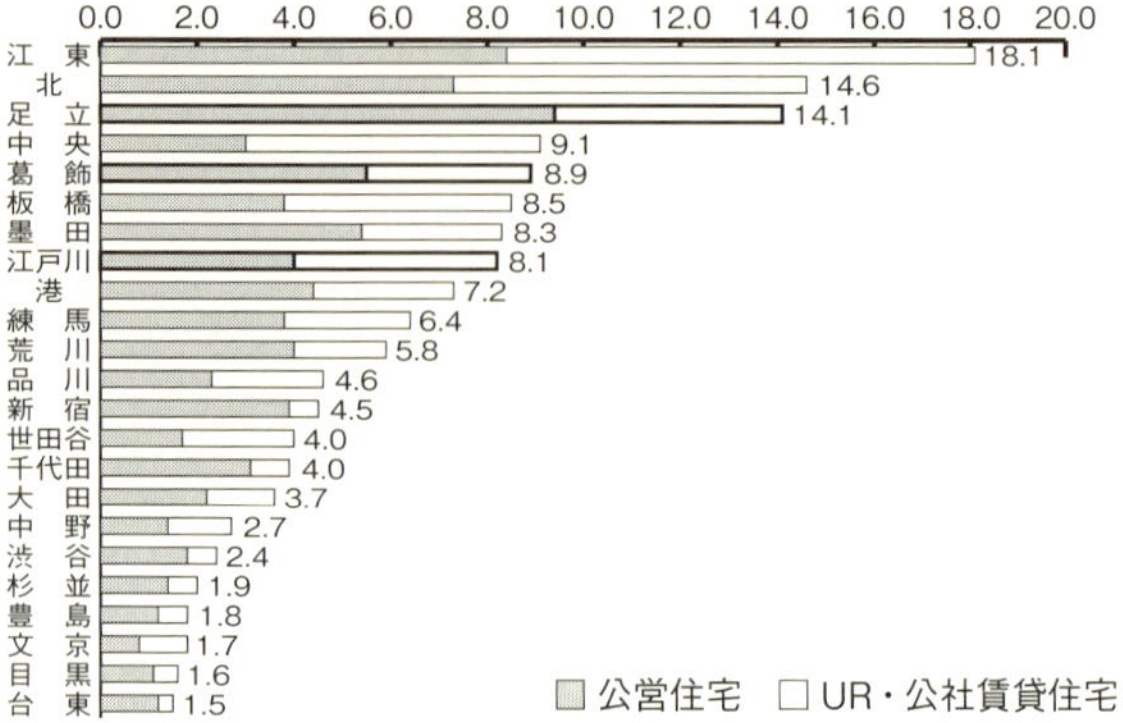

出所:『国勢調査』
*1　グラフ外書きの数値は、公営住宅＋UR・公社賃貸住宅の合計値。
*2　23区内には一部区営住宅もあるが、公営住宅の大部分は都営住宅である。

だろう。団地に住む人が年々高齢化していき、やがて住む人がいなくなって団地全体が廃墟と化していくという問題だ。東部３区や北区では、いまこうした問題があちこちで起こり始めている。

図表16は、主要な住宅のタイプ別に65歳以上の高齢者が世帯主である世帯の割合を記している。公営住宅（都営住宅）は飛びぬけて高齢世帯が多いことがわかるだろう。URや公社の賃貸住宅は、23区平均や東部３区平均では持家と大きな差がないが、古い団地が多い足立区では、やはりここでも居住者の高齢化が進んでいる。

筆者は、東京23区内の人口５００人以上

図表16　住宅タイプ別の65歳以上が世帯主の割合（2015年、%）

住宅タイプ	23区平均	東部3区	足立区	葛飾区	江戸川区
全世帯平均	27.2	31.6	33.4	33.8	28.3
持家	39.7	40.5	39.3	42.0	40.8
公営住宅	64.2	62.8	64.5	62.3	59.0
UR・公社賃貸	37.5	39.6	46.2	36.2	33.6
民営賃貸	12.4	15.0	15.6	18.0	13.1

出所:『国勢調査』

の約2900の町丁目を対象に、高齢化の進み具合を調べたことがある。その結果、高齢化率が33%を超えている、つまり3人に1人以上が高齢者というまちが101か所あった。このうち55地区が都営住宅団地のあるまち、UR（分譲を含む）や公社の団地を含めると、7割以上を団地のまちが占めた。

高齢化の次の訪れる運命は、人口減少である。高齢化が進んでいるから亡くなる人は多くなるし、子どもの家の近くに引っ越す人や、福祉施設に入る人なども少なくないだろう。空いた部屋に若い人が入ってくればいいのだが、周りがお年寄りばかりでは、どうしても尻込みしてしまう。かくして古い団地のあるまちは、人口減少の負のスパイラルが生じてしまうことになる。

そしてもうひとつ忘れてはならないのが、都営住宅は住宅に困っている人のセーフティネットとして存在する福祉住宅だという事実だ。都営住宅に入居するには所得制限があり、所得が高いと入居できない。そんな都営住宅が1割もあれば、区全体の平均所得が下がるのも無理はない。

福祉住宅は、都市がどこかで引き受けなければならない存在である。東京では、足立区をはじめとする東部地区がその役割を引き受けている。にもかかわらず、足立は、東部3区は所得が低いと馬鹿にするのは、どう考えても筋が合わない。

団地のまちだからこそ期待できる未来

団地の存在も、その結果として生じている団地問題も、団地という狭い範囲にとどまらずより広いまち全体に影響を及ぼす。

最近は、ウォーターフロントの埋立地や工場跡地での再開発のように、団地の形成も

「次世代型」が幅を利かせるようになった。建設主体も大手不動産事業者が中心だから、世のトレンドを反映して便利な場所が選ばれる。

しかし、東部3区に団地が作られていった高度経済成長の時代には、安い土地がまとまって手に入ることが団地立地の主要な要因だった。ともかく住宅が不足していたから、交通の便や環境が良い場所を選ぶなどという贅沢は許されなかった。北区の赤羽台団地や桐ヶ丘団地のような、かつての軍用地を活用したマンモス団地は別にして、中小規模の団地は市街地の外れに建てられたものが多い。

団地ができると多くの人が住むようになるから、団地に住む人たちを相手にした商店や郵便局、診療所などの施設が集まってくる。そうなると団地の周りも生活利便性が高まり、コバンザメよろしく民間の住宅開発も進んでいく。「団地のまち」はこうして出来上がっていった。

そのまちの主役たる団地が高齢化していくと、周辺の施設もそれに合わせて高齢者向けへと変わっていく。診療所は小児科から整形外科や接骨院に代わり、スーパーは閉店してコンビニが増える。高齢化した団地居住者には便利でも、若い世代はそんなまちに魅力を感じることができなくなってしまう。かくして「団地問題」は、まち全体へと拡大していく。

ならば未来はないのかというとそうではない。URの分譲団地なら幾多の困難が行く手を阻むが、同じURでも賃貸なら建て替えは比較的容易だ。都営住宅も同じ。URの賃貸住宅の建て替えによって、まちが一新した事例が徐々に増え始めている。住宅が建て替わってきれいになっただけでない。古ぼけた間取りでエレベーターもない建物に魅力を感じることができなかった若い人たちも、建て替えられた住宅になら興味を感じる。こうして若い世代の居住者が増えていくと、彼らのニーズに応えるショップやサービスが周りに増える。その結果、コバンザメの方も更新が進み、まち全体が若返っていく。

福祉住宅である都営住宅は、URの賃貸住宅のように簡単にいかない面もあるが、それでも古い団地に住む気になれなかった若い人たちが増えると、まちは必然的に刺激を受ける。

板橋区の高島平団地や新宿区の戸山ハイツのような、高層団地なら建て替えも難しい。しかし幸いなことに、東部3区には古びた中層団地が多い。団地の建て替えとの連動をテコにして、まちを再度よみがえらせることは決して夢物語ではない。事実そんな例が東部3区でも現れ始めている。

平均所得水準はアッパーミドル

都営住宅が建て替えられ、若い人が住むようになっても、やはり福祉住宅は福祉住宅だから、所得水準の向上にはつながりにくい。さらにいえば、まちが変わるといってもおのずと限界があり、東部3区が港区のように高級スーパーが集まるまちになるとは考えられない。

お金はないよりある方がいいに決まっている。その一方で所得とは相対的なものであり、満足できるレベルで収入と支出の帳尻が合うのなら、それでいいという面もある。先にも紹介したように、23区の中でトップの港区とボトムの足立区を比較することも、トップの方が異常なのだと考えればあまり意味がないともいえる。

ただし、私たちにとって所得水準が大きな興味の的であることは間違いない事実のようだ。このため、勢い余って「足立区は貧乏区だ」「東部3区は貧乏地区だ」とする説も出てくることになる。

図表8に示したとおり、2016年の足立区の平均所得水準は336万円、葛飾区は343万円、江戸川区は357万円。23区の中での順位はそれぞれ23位、22位、20位。同じ2016年のデータで、全国の平均値は332万円。これと比べれば東部3区は全国平均並みということになる。さらに、各区の値を全国47都道府県のデータと照らし合わせてみると、足立区は全国6位の埼玉県（335万円）と同程度。葛飾区は全国5位の千葉県（345万円）と同程度。江戸川区は全国3位の愛知県（359万円）と同程度になる。

全国815市区（ただし、区は東京23区だけで、政令指定都市の行政区は除く）との比較でいえば、江戸川区が82位、葛飾区が110位、足立区が137位といずれも上位だ。「見方が変われば評価は変わる」の典型のような話だろう。

しかも、このデータは納税義務者1人あたりの課税対象所得額である。区民全員がサラリーマンだったと仮定して、額面収入額に直すと足立が約490万円、葛飾が約500万円、江戸川が約510万円。奥さんがパートで働いているとすると、世帯収入は概ね600万円というところだろうか。

厚生労働省の『国民生活基礎調査』による2016年のわが国の世帯平均所得（同調査の「所得」とはサラリーマンの「額面収入額」と同じ）は560万円。平均にも色々あって「メディアン」と呼ばれる中央値（順番に並べていったときの真ん中の値）は442万円。「モード」と呼ばれる最頻値（最も多くの人があてはまる値）は300万円～350万円である。

ひと言でまとめると、足立区を含む東部3区の所得水準は、わが国の平均に照らして「アッパーミドル（中の上）」ということになる。世に喧伝されているイメージとはかなり異なるかもしれないが、それが掛け値なしの事実なのだ。

低学歴は「クールジャパン」の裏返し

学歴は、新しいデータがある進学率を手掛かりにして、「もうひとつの評価」を考えていくことにしよう。

おさらいをしておくと、2017年の大学等への進学率は、江戸川区が61・6％で23

区中の17位。足立と葛飾の両区は42％台前半の22位と21位で、同年の全国平均値（54・7％）と比べても相当に低い。47都道府県との対比では、江戸川区と足立・葛飾両区との間に、もっと大きな差が生まれてくる。江戸川区は全国3位の神奈川県（61・3％）よりも高いが、足立・葛飾は全国46位の鳥取県（42・3％）と同レベルだ。

見方を変えるのはここから。文部科学省の資料からの孫引きになるが、ＯＥＣＤ（経済開発協力機構）のデータに基づく２０１０年のわが国の大学進学率は51％（定義が異なるため、『学校基本調査』による２０１０年の全国平均値〈54・3％〉とは、少し数値が異なる）。ＯＥＣＤ加盟国の平均は62％。世界の主要な国々は60〜70％台が標準で、80％台、90％台というところも珍しくない。これらと比べ、わが国の大学進学率は相当に低い。ちなみにお隣の韓国は71％で、わが国を20ポイントも上回る。

選ばなければ誰でも大学に進学できる「大学全入時代」になったといわれて久しい。実際、多くの大学が定員割れを起こしている。大学への進学は、かつてのように「狭き門」ではなくなった。にもかかわらず、わが国の大学進学率はいまも50％台前半で、国際水準並みへと上昇していこうとしない。

もう一度2017年の『学校基本調査』のデータに戻ると、高校卒業後に就職した人の割合（全国平均値）は、働きながら学んでいる人を含めて17・8％。残りの3割近い人たちは、どこに行ったのか。予備校に通って大学入試に再チャレンジという人や外国の学校に留学した人、なかには家事手伝いという人もいるだろう。しかし、多くは専門学校へと進んでいった。

筆者が大学生だったのはもう半世紀近く前のことだが、そのころもいまも、一部の職種を除き大学で学んだことは就職してからほとんど役に立たないといわれ続けている。それなら専門学校に通い、明日の仕事に役立つ知識やスキルを身につけた方がいいと考えるのは、ひとつの賢明な選択肢だ。実際、アニメも和食もモノづくりも、「クールジャパン」と呼ばれるものの大半は、大学ではなく専門学校の領域に属する。

足立区や葛飾区では、大学進学率が低い分、専門学校に進む人が多い。大学進学率だけをみて、まちの知的水準の高低を評価することはできない。そんなことをしたら、わが国が世界に誇るパワーの源を否定することになってしまう。

「安全」を取るか、「安心」を取るか

「防災を考えたら東京東部に住む気がしない」という考えも、見方次第で変わってくる。それ以前に、東京のどこ住もうと何らかのリスクがあると考えておくべきだ。

そういうと、「データが示す東京23区で一番安全なところはどこか」と食い下がってくる人もいる。筆者の答は板橋区。詳しい説明は省くが、地盤が23位で一番しっかりしているからだ。多くの人が怪訝な顔をするのは、イメージと異なるからだろう。しかし、図表11〜図表14のどのデータを見ても、板橋区のリスク度は低い。その板橋区でも、大地震が起きれば40棟に1棟は消えてなくなる恐れがある。

東日本大震災では津波が、阪神淡路大震災では建物の倒壊が、関東大震災のときは火災が最も大きな被害をもたらした。津波はともかく、倒壊も火災もあらかじめ減災の努力を行っておくことで、被害を小さくすることができる。建物の耐震診断、耐震補強、家具の転倒防止、ぐらりと揺れたそのときにガスやストーブを止める最低限の火の元への注意、初期消火の徹底、避難するときはブレーカーを落とす通電火災の防止。

これら安全性向上の対応は自分でできる。だが、長い避難生活も頭に入れた安心を高

めるためには、助け合いが最も頼りになる。自助、共助、公助のどれが一番大切かと聞かれれば、答えは間違いなく共助だ。自助や公助には限りがあるが、共助には無限の広がりがある。下町の本家ともいうべき台東、江東、墨田、荒川などの各区と同じように、東部3区にも下町的な人々のつながりが強く残り、いざというときの共助パワーが期待できる申し分のない舞台が備わっている。

安全か安心か。都心のタワーマンションは、この問題を考えていくうえでの格好の例題となる。建物自体は、最新の耐震技術が駆使されているから、安全性はきわめて高い。しかし、停電でエレベーターが停まり、断水で水が出なくなったら、タワーマンションで生活を続けていくことは、物理的に不可能となってしまう。11階以上の高層階に住む人の割合は、東部3区では2～3％に過ぎないが、中央区では28％、千代田区と港区では23％にのぼる。しかも中央区では7割で、千代田や港でも半数前後で断水が起きる。

断水はタワーマンションの最大の弱点だ。わけてもトイレが使えなくなると本当に困る。防災は、安全という観点より以上に安心という側面を重視しなければならない課題だということを、トイレを通じてもっとアピールすべきだ。尾籠な話などといってはいられない。

荒川決壊の恐怖が現実味を帯びてきた

実はいま、東部3区で憂慮すべき災害のリスクは、大地震より以上に荒川の決壊である。一昔前まで、私たちは荒川の決壊なんてイソップ童話の「オオカミが来るぞ」の話と同じようなものだと考えていた。荒川は200年に1度の大雨を想定して治水対策が行われている。つまり、それ以上の大雨が降ると決壊のリスクが高まる。200年に1度なら大丈夫だろうと思っていたのだ。しかし、雨量でいえば3日間で548ミリと聞くと、話は違ってくる。「記録にない大雨」というニュースが繰り返し語られるようになった今日、いつ荒川が決壊しても不思議ではない時代になった。

荒川が氾濫すると、足立区の千住は5m以上の水の下に沈み、足立区南部や葛飾・江戸川区の西部でも、2階建ての家では屋根の上に逃れなくてはならないほどの洪水が押し寄せてくる。

荒川は、その名のとおり「荒ぶる川」で、これまで多くの人々の命や財産を奪ってき

荒川。その名が示すとおりの「荒くれもの」で、これまで多くの被害をもたらしてきた。

た。その後、河川管理の技術進歩によって、私たちは川を制御することができたと考えるようになった。しかし、自然の力はそんなヤワなものではなかったようだ。

荒川の氾濫が、明日の生活を奪うリスクが日増しに現実味を帯びつつある。それはある意味で、東部3区が抱える最大の課題だといっていいのかもしれない。

都心も一蓮托生の被害に見舞われる

絶対にあってはならないのは、「安全神話」に陥って、安心確保の努力を怠ることだ。その意味では、リスクが低く安全性が高いと思っているところほど危ないという逆説も、あながち的外れとはいえない。

東京はひとつにつながっている。大地震で東京東部が壊滅的な打撃を受けたとすると、東からの物資の輸送は寸断されてしまう。もはや多くの人たちは忘れてしまったのかもしれないが、それは東日本大震災で経験済みの教訓だ。雪国の人にとってみればたいしたこともない雪が降っただけで、スーパーやコンビニの食料品棚がガラガラになってしまうのが東京だ。安心を高めるには、東京の弱さと真剣に向き合う必要がある。

荒川の決壊リスクは、もっと物理的に東京の広い範囲へつながっていく。千住が5mの水の底に沈むと、水は一気に地下鉄に流れ込む。そのとき地下鉄に乗っていたらと考えれば、荒川の決壊を東京の東の方で起きた悲惨なニュースと考えて済ますことはできなくなる。

地下鉄に流れ込んだ水は、ときをおかずに都心へと流れ込み、まず地下街を水没させる。地下街の水害は想像を絶する危険性と隣り合わせにある。さらにマンホールから水が噴きあがり、都心は水浸しになる。これはパニック映画のシナリオではない。実際に起こり得るシミュレーションなのだ。

荒川沿いのまちを歩くと、電柱にここは何mの水が襲ってくる危険性があるという警告看板が示され、水没が想定される高さに赤いテープが巻かれている。地下鉄や都心の地下街にはそんな警告は出ていない。

毎日警告を目にしながら、前もって防災意識を高め、安心のセーフティネットワークを張り巡らしているところと、大丈夫だろうと油断しているところ。最終的には両者の間に大きな差が生じてくる。差を縮めるには、先行するところから学ぶのが一番早い。

東京は被害が局部にとどまらないまちだ。それは東京というまちの構造に由来している。都心に住む人も、都心に通う人も、荒川の決壊という課題を皆で共有し合っていけば、いささか歪んだ「東京西高東低論」も、やがて正されていくことだろう。迂遠なようだが、それが一番の近道なのかもしれない。

＊　杉並区は、2010年の「国勢調査」で年齢を答えなかった人がおよそ7人に1人にのぼったため、同年の年齢別人口は特異値を示している。このため、図表7では、杉並区を除く22区を対象とした。

第2章　足立を取りまく光と影

1　いまなぜ足立？

個性派ぞろいの三兄弟

数年前のことになるが、東部3区を取り上げたある雑誌が、キャッチコピーに「下町三兄弟」と銘打った。思わず「うまいな！」と、感心してしまった。

目黒、世田谷、杉並の3区だったら、「山の手三姉妹」の方が似合うが、東部3区はやっぱり男兄弟でないと収まりが悪い。兄弟だから似ていることはいうまでもない。だが、個性は違う。

同じ3人でも、男女が交じり合っているよりは、男だけあるいは女だけの方が、より一層個性の違いが際立ってくるような気がする。谷崎潤一郎の『細雪』も四姉妹の個性がテーマだ。それやこれやのことを考え合わせて、東部3区にピッタリだと感心した次第である。

一般的なイメージとして、長男はコツコツ努力する頑張り屋。難は面白みに欠けるこ

図表17　東部3区の人口増加傾向の推移(2015年=100)

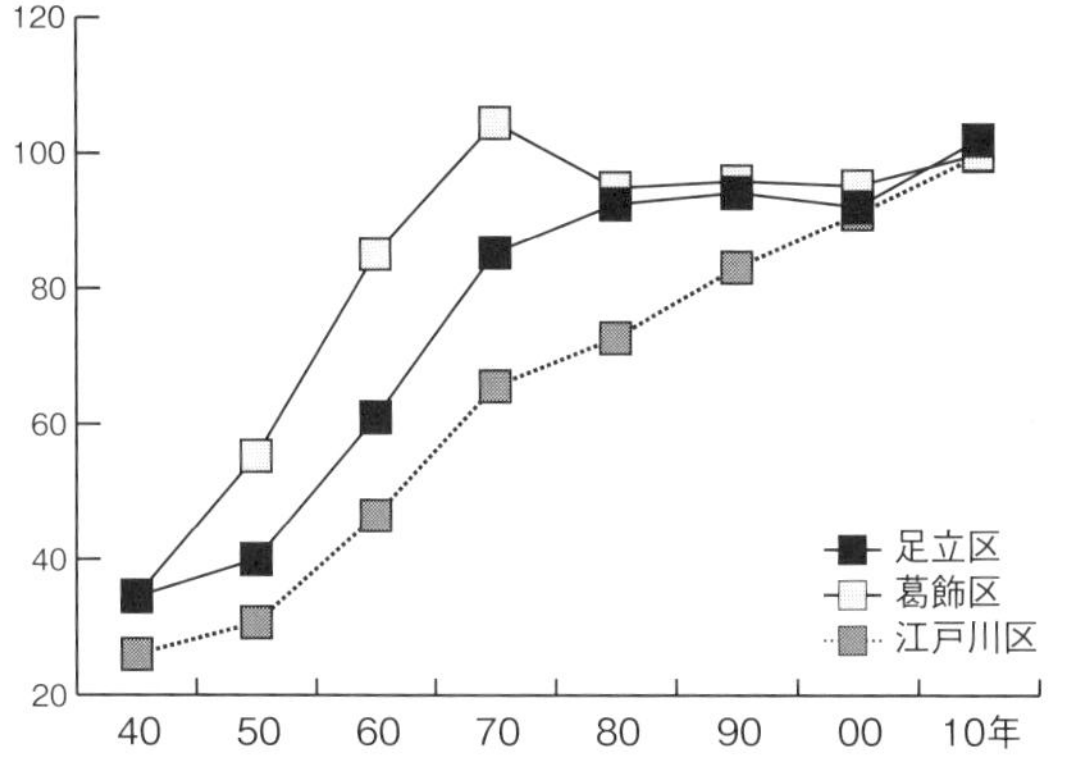

出所:『国勢調査』

と。野球に例えるなら、短くバットをもって当てていくタイプか。次男は型破り。親の目はどうしても上と下に向かいがちだから、自由奔放が許されるし、逆に型にはまっていては己の存在を主張できない。同時に、アッと人を驚かせるような「天才肌」も磨かれる。野球なら、ホームランか三振かと、フルスイングでバットを振り回すタイプ。三男坊は甘えん坊。ただし、甘えの裏には結構緻密な計算がある。盗塁やヒットエンドランを重視する戦術野球の実践者である。

　東部3区のどこが長男で、どこが次男で三男か。それは市街化の歴史をみると明白

タカラトミー本社ショーウィンドウ。葛飾はおもちゃのまち。お馴染みのおもちゃの数々が葛飾で生まれた。

だ。２０１５年の人口を１００としたときの推移を10年スパンで追った図表17は、３区の開発の経緯を雄弁に物語っている。

最初に市街化が進んだのは、押上線、金町線を含む京成線のネットワークが昭和の初めまでに整備されていた葛飾区。セルロイドから始まり、おもちゃへと続いていく町工場の集積が、その発展の背骨を支えた。モンチッチも、リカちゃんも、黒ひげ危機一発も、生まれも育ちもカツシカである。ちょっと地味だが実力勝負。モノづくりのまちに共通する特性は、葛飾区にもあてはまる。

常磐線が通る千住以外、明治時代に開通

した東武伊勢崎線（東武スカイツリーライン）だけしか鉄道がなかった足立区は、葛飾区と比べてやや開発が遅れる。以後足立には、二番手ならではの「損な立場」がついて回る。その一方で、千住を大学のまちに変えたように、意外な戦略性を持ち合わせているのも足立区だ。

かつて、総武線が区の北端をかすめて通るだけだった江戸川区は、最も開発が遅れた。同時に遅れたが故のメリットを、巧みに活用できた区でもある。

前章で紹介した強い共通性をもつ東部3区は、同時にひとくくりで捉えることができないきわめつきの個性派揃いでもある。

鉄道開通効果をうまく活かせた江戸川区

区の大部分が交通不便地域だった江戸川区に東京メトロ（当時は営団地下鉄）の東西線が開通するのが、高度成長の時代も末期が近づく1969年。これで同区の南側は随分と便利になった。だが、総武線の小岩駅と東西線の葛西駅の間は10キロ近くも離れており、区の中部は依然として交通の空白地帯のまま残り続けた。待望の都営地下鉄新宿線が開通するのは1980年代の半ばになってのこと。あまりにも交通の便が悪かったから、鉄道が開通したとき、まだ市街化の密度が低く、時代のニーズに合った開発を進め得る余地が残っていた。

武蔵小杉のような再開発型は別として、いま首都圏で新たな市街地開発の勢いが最も盛んなのは、千葉県の流山市、柏市の北部、茨城県の守谷市、つくばみらい市など。いずれも2005年に開通したつくばエクスプレスの沿線である。これと似た動きが、江戸川区では1970年代に区の南部で、1980年代半ば以降は区の中央部で起きた。団地でさえ立地をためらうような場所が、にわかに脚光を浴びるようになったのだ。まさに、開発が遅れた故のメリットだったということができる。

千住以外がその他大勢になったワケ

一方、曲がりなりにも区のど真ん中を東武伊勢崎線が通っていた足立区は、交通の利便性が決して高いとはいえないものの、地価の安さを考えるとギリギリ許容範囲内という、いわば中途半端な状態にあった。足立区が団地のまちとなり、庶民のまちとなっていく背景には、この中途半端さが大きな作用を及ぼすことになる。

ただし足立区の中で、千住だけは全く別の歩みをたどる。東京オリンピックは2020年大会が2回目で、1回目は1964年。まさに日本が、そしてその中心である東京が、発展の道を走り続けていたさなかのことだった。新幹線も、首都高も、羽田に向かうモノレールも、1964年のオリンピック大会に合わせて整備が進む。地下鉄の日比谷線もそのひとつ。日比谷線の北千住〜人形町間が開業したのが1962年。オリンピック大会を目前に控えた1964年8月末には中目黒までの全線が開通し、東急東横線との相互乗り入れも始まって、北千住と横浜方面がダイレクトに結ばれる。

1969年には地下鉄千代田線の北千住〜大手町間が開業し、東京の最中心部と直結する。千代田線は、1978年には小田急線との相互乗り入れも始まる。さらに2003年になると東武伊勢崎線と地下鉄半蔵門線の相互乗り入れが開始され、北千住から渋谷まで乗り換えなしで行くことができるようになる。

千住地区の面積は、足立区全体の1割しかない。その千住が、抜群の交通利便性を背景として独自の発展を遂げるのを傍目にしながら、残る9割は中途半端から脱却できない状況を余儀なくされ続けた。ようやくつくばエクスプレスが開通し、1979年に“盲腸駅”として開設されていた北綾瀬と併せて、区の東側の交通不便が解消されるのが2005年。続いて2008年には日暮里・舎人ライナーが開通し、区の西側の交通不便も解消される。

だが、遅すぎた。江戸川区に都営地下鉄新宿線が開通したときから数えても20年。つくばエキスプレスも日暮里・舎人ライナーも、すでに沿線は中途半端な状況下での市街化が進んでしまっていた。日暮里・舎人ライナーは団地連結線の様相が濃く、つくばエキスプレスの青井駅は「団地前駅」の感がある。

移転した区役所の「最寄り駅」は北千住のまま

千住以外の足立全体が中途半端な位置づけを余儀なくされた影響は、市街化が先行した東武スカイツリーラインの沿線にも色濃く表れている。

急行が停まり半蔵門線への直通電車にも乗れる西新井は、1980年代の初めに駅前にスーパーができ、2000年代になると駅の近くの工場跡地に大型ショッピングセン

北千住駅の区役所行きバス乗り場。区役所の実質的な最寄り駅は北千住。いつも長い行列ができる。

日暮里・舎人ライナー。足立区西部の鉄道利便性を大きく向上させたが、団地連結線の感もぬぐえない。

ターもできるなどまちの利便性の向上が進んだ。背後に「団地のまち」が広がっているため、まちのパワーが高まっているとまではいえないにしても、一応の活力維持は図られている。

これに対して梅島や五反野は、小さな木造住宅が密集する典型的な庶民のまちだ。竹ノ塚は「団地のまち」の入り口である。

足立区役所から一番近い駅は梅島だが、歩くと15分近くかかる。区役所に急いでいく必要があるときは西新井からタクシーに乗るのが確実だが、普段は北千住からバスに乗るのが一番便利。20年以上前に千住から移転してきた区役所も、いまだに足立の「その他大勢」の構造を変えることができておらず、「最寄り駅」は北千住のままだ。

先に紹介した、筆者の23区内山手線外側28路線の分析で、沿線の高齢化が最も進んでいるのは、ＪＲ京浜東北線の上中里以北（尾久を含む）。２位が日暮里・舎人ライナー。以下、東武スカイツリーライン、東京メトロ南北線、つくばエクスプレス（南千住以遠）と続く。

逆に高齢化率が最も低いのはＪＲ京葉線、次いで東京メトロ東西線。都営地下鉄新宿

都営谷在家団地。1階に商店が入るゲタばき住棟はかつての団地の基本形。いまはシャッターが目立つ。

線は江東区側に古いまちが多いため、やや高齢化率が高いが、28路線を「高」と「若」に2分割するとやはり若い部類に入る。足立区と江戸川区との間には歴然とした差がある。

　駅（駅勢圏）の方は、調査の対象としたおよそ２４０の駅の中で、高齢化率３位に江北が入るほか、西新井大師西（７位）、高野（８位）も高齢化の進行が著しい。人口増加率のボトム３は高野、西新井大師西、五反野と足立区が独占。さらに下から５番目に北綾瀬が続き、舎人公園、大師前を加えるとボトム10のうち６駅が足立区である。30代人口の増加率も同様で、一番低い舎人公園をはじめ、高野、北綾瀬、西新井大師西、竹ノ塚、谷在家がボトム10に名を連ねている。

一応の活力維持が図られていると評価できる西新井も、高齢化率は23区平均と同程度、30代人口の増加率は全国平均とほぼ同レベルで、23区平均には遠く及ばない。

鉄道の整備と沿線の開発の歴史が、この現実を生み出していったのだ。

足立がわかれば、未来がわかる

では、なぜいま足立を取り上げようとするのか。それは大きな課題を抱えているからこそ、未来に向けた可能性を期待できるからにほかならない。

東京のまちは、渦巻きのように発展、低迷、再発展を繰り返してきた。東京がいまわが国の多くの地方都市がさらされているような低迷から衰退への道を進まなかったのは、人口が増え、活力が維持できる仕組みを内在させていたからにほかならない。

住みたいまち選びのトレンドの先端にある都心も、四半世紀前までは都市のドーナツ化によって半端ではない人口の減少が続いていた。都心の人口が一転増加に向かうようになった背景には、1997年に建築基準法が改正され、タワーマンションの建設が容易になったからだといわれている。なるほどそれも理由のひとつではあるが、1980年代以降中央区が試行錯誤を続けた人口回復を目指す取り組みが、都心ライフの見直しという花を咲かせたことを忘れてはならない。

さらに今世紀に入ると、六本木ヒルズをはじめレジデンシャル機能を併設した大規模なタウン型再開発が港区で相次ぎ、都心ライフの評価を一気に引き上げることになる。「ヒルズ族」という言葉はまだ記憶に新しいだろう。

50年前の世界からタイムスリップしてきた人がいたなら、いまの東京都心を見て目を回すに違いない。筆者にしても、学生時代には「都心は本来人が住むところではない」と教わった。

だが、これからはかつてのように、東京にある限りいつか逆転打を放つことができるという甘い考えは許されなくなった。わが国全体を襲う少子高齢化から人口減少への荒波に、やがて東京も正面から向き合っていかざるを得ないからだ。消滅はないにしても、低迷から衰退をたどることは十分に考えられる。東京も否応なくまちが存続を競い合う時代を迎えようとしている。

競争に勝ち残るためのポイントは2つ。第一に、自分たちの置かれている実態を正しく把握し、理解すること。そして第二に、的を絞って突破口を開いていく都市経営の戦略性を磨くこと。その意味で、筆者の足立評価は高い。区政はもとより、区民を巻き込んだ動きの広がりを実感できるからだ。

「足立に住めたら、どこにでも住める」。バラエティ番組の茶化したコピーの向こうを張るなら、「足立がわかれば、未来がわかる」。足立にそそぐ熱い視線が、いま密かに高まり出している。

2　否定できない「負」の拡大

「貧困ボーダー層」が増えている

そうはいっても足立を取りまく課題は多い。とりわけ所得水準は、足立を語る上で避けて通ることのできないテーマだ。

区市町村別の所得の水準のデータは、総務省の『住宅・土地統計調査』にも公表されているものがある。前章で紹介した納税義務者1人あたりの課税対象所得額は、住民税をもとにしており、その意味では1円の単位まで正確だ。一方、『住宅・土地統計調査』のデータは、「100万円台」、「200万円台」……という所得分布の状況をアンケート形式で聞いたもの。このため、税のデータのように厳密な数値ではないが、大きな傾向なら把握することができる。しかも、世帯の税込み収入額（サラリーマン世帯なら額面支給額に相当する）だから、私たちの生活実感により近い。

前章では、足立区の所得水準が他区より低い理由のひとつに、都営住宅団地の存在があると指摘した。なるほど2013年の『住宅・土地統計調査』によれば、足立区の公営住宅居住者の所得分布（世帯収入額）は100万円未満が18％、200万円未満が61％、300万円未満が85％に及ぶ。この数値は23区全体でも大きな差がない。

そこで以下では、公営住宅居住者を除いた数値で検討していくことにする。公営住宅に住む人たちを差別して切り捨てたのではない。都営住宅団地が多いという特徴を標準化した上での、足立区の実態を知るためだ。

図表18　収入300万円未満の世帯の割合（公営住宅居住者を除く、%）

世帯年間収入	2013年		2008年	
	足立区	23区平均	足立区	23区平均
100万円未満	5.4	4.4	5.4	3.9
100〜200万円	11.7	10.7	11.4	9.0
200〜300万円	19.4	15.8	14.9	13.5
300万円未満計	36.5	31.0	31.7	26.4

出所:『住宅・土地統計調査』

図表18に示したとおり、足立区では公営住宅居住者を除いても、収入が300万円に満たない世帯が3分の1を超えている。23区平均でも3割を超えているが、実は足立区の平均世帯人員（1世帯あたりの家族の数）は23区平均と比べ1割以上多い。同じ収入額でも家族が多いと家計は窮屈になるから、単純な数値比較だけでは実態を読み解くことができない。

図表18からは、足立区の収入が300万円未満の世帯の割合が、5年前と比べて約5ポイント増えていることもわかる。23区平均でもほぼ同じような増え幅だが、第1に足立区はそもそもの数値が高い。加えて、

足立区では収入が200万円~300万円のいわゆる「貧困ボーダー層」が、23区平均を上回るペースで増えている。後者の方は、特に気になる。

厚生労働省による2015年の「貧困線」（＊1）に従うと、世帯収入が2人家族で約173万円以下、3人家族なら約211万円以下が貧困家庭となる。収入が300万円あれば、相当の大家族でないと「貧困」とはならない。一方、年間300万円の税込み収入を手取りに直すと月額およそ20万円。家賃次第では生活していけないギリギリのレベルだ。毎日精一杯働いていても、家計は火の車。こうした層が増えているという実態は、未来に対する懸念を感じざるを得ない。

全国平均の2倍を大きく超える生活保護率

生活保護を受けている人たちの割合はどうなのか。生活保護率は人口1000人に対する割合で示すこともあるが、図表19では「%表示」、つまり人口100人あたりの受給者の割合を表記している。

2016年の足立区の生活保護率は3・73%。23区の平均（2・31%）を1・7倍も

図表19　生活保護率の推移

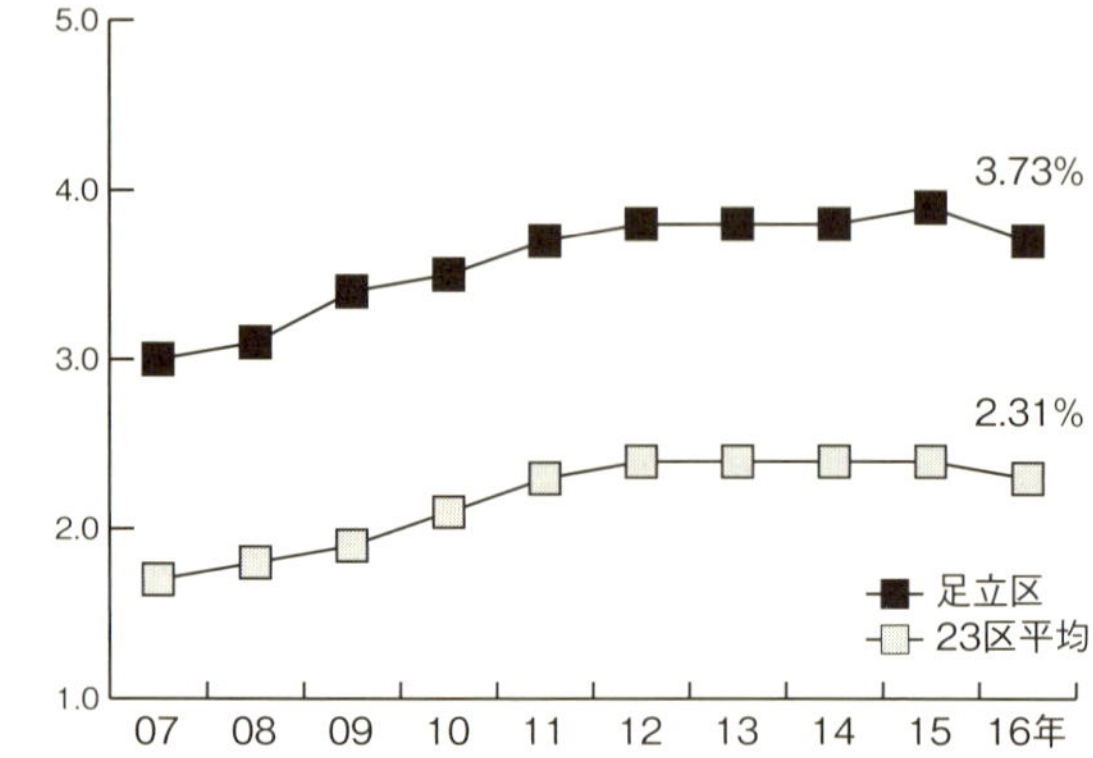

出所:『福祉・衛生行政統計』(東京都)

上回っている。23区での順位でいえば高い方から2番目。一番高い台東区（4・40%）は、山谷地区の簡易宿泊街（いわゆる「ドヤ街」）という少し特殊な要因を抱えているから、足立よりも高い区があると単純に考えてはいられない。ちなみに全国平均値は、厚生労働省の２０１７年２月時点のデータで１・69％。足立区と全国平均の間には２・３倍もの差がある。

　しかも足立区の生活保護率は、過去10年間、ほぼ一貫して上昇し続けている。生活保護の支給については、近年一部の自治体で、窓口での「水際規制」が行われているという報道も耳にする。格差社会が広がり、貧富の差が拡大しているという実態もある。そう考えると、保護率が下がればいいというわけでもなさそうだが、少なくとも確かなことは、足立区で貧困に直面している人が増えているという事実である。

納税義務者1人あたりの課税対象所得額をベースに考えると、足立の所得水準は全国の「中の上」にある。しかし、それは平均像としての話だ。大金持ちがいれば、平均はそれにつられて高くなる。

足立区には経済的に苦しい人が少なくなく、かつその数が増え続けていることを、決して忘れてはならない。

黄色信号が点る健康ライフ

深刻な話題が続いたので、ちょっと一服して頭の体操。

小売店の数は、大きな区は多く、小さな区は少ないという基本的な関係があることを頭に置いた上でお聞き願いたい。データソースは、2014年の『商業統計』だ。

八百屋の数は、大田市場のおひざ元である大田区が頭ひとつ抜け出してトップ。2位

図表20　足立区と国、都との寿命の比較（2015年、年）

		平均寿命	健康寿命
足立区	男性	79.4	77.5
	女性	86.1	82.3
東京都平均	男性	81.1	79.0
	女性	87.3	83.5
全国平均	男性	80.8	79.3
	女性	87.0	83.8

出所：平均寿命は『簡易生命表』（厚生労働省）、健康寿命は『足立区糖尿病対策アクションプラン』（足立区、2018年3月）
*1　健康寿命は「平均自立期間」を基にした足立区の推計値。
*2　平均寿命、健康寿命ともに単位は「年」。

は足立区、3位は世田谷区と続く。肉屋の数は、世田谷区、大田区、足立区の順。魚屋も大田区が一番多い。江戸前の歴史が息づいているからだろうか。足立区は4位だ。

足立の食生活と聞くと、何となく「肉好きで野菜嫌い」のイメージがある。後で触れるように、野菜嫌いの傾向は確かにあるようだが、販売店の数で見れば八百屋は結構数が多く、肉屋はリッチな世田谷区の後塵を拝している。魚はちょっと敬遠気味というところか。足立区の食料品専門店で、2位以下を1・3倍と大きく引き離しているのが酒屋。酒好きはイメージどおりだろう。

食生活が乱れると、最終的には命の危険につながっていく。図表20に示したように、足立区の平均寿命は全国平均や東京都の平均を男女ともに下回っており、23区内での比較でも最低ランクに甘んじている。ちなみに、23区トップは世田谷区で、男性は82・8歳、女性は88・5歳。足立区は世田谷区と比べ、男性では約3・5歳、女性でも約2・5歳も平均寿命が短い。（＊2）

足立区は健康寿命も短く、東京都の平均と比べると約1・5歳の差がある。なお、厚生労働省発表の2016年の健康寿命は、全国平均で男性が72・1歳、女性が74・8歳。東京都はそれぞれ72・0歳、74・2歳となっている。

図表20とかなり数字が異なるのは、厚生労働省は健康寿命を「元気に暮らせる期間」と定義しているのに対し、足立区は「自立して暮らせる期間」と定義しているからだ。厚生労働省の数値と足立区の推計では、男性で約7歳、女性で約9歳の差がある。従って厚生労働省の定義に倣うとしたら、足立区では男性は70代になると、女性も73歳を超えると、元気な暮らしがイエローラインに達する計算になる。

足立区民は生活習慣病にかかりやすい？

高齢化社会が進む今日、高齢者の健康増進を図ることは、自治体にとってきわめて大きな課題となっている。お年寄りが元気に活躍する社会の実現といった理想論もあるが、より直接的に、高齢化が進むと自治体財政が圧迫されるという因果関係があるからだ。

歳を取ると、否が応でも医療機関のお世話になることが増えるから、1人あたりの医療費は高齢者ほど高くなる。そのため、高齢化が進めば、国保の拠出額も多くなる。

いまは制度が廃止されたが、かつて国民健康保険には「一般」と「退職者」の2種類があった。「退職者」というのは、それまで会社を通じた社会保険に入っていた人が、退職後加入するもので、当然加入者は高齢化している。

少し古いデータになるが、足立区の資料によると、2010年度の国保加入者1人あたりの医療費は、全国平均で一般29万5000円に対し、退職者は37万5000円。両者には25％以上の差があるが、高齢者ほど医療費が高くなることを考えると、仕方がない差だという気もする。

ところが足立区は、一般は27万8000円で全国平均を下回るものの、退職者は42万

図表21　生活習慣病治療者の割合（2010年、%）

	足立区	東京都平均	全国平均
糖尿病	9.7	8.1	3.3
高血圧症	16.4	13.0	9.8
脂質異常症	11.1	9.8	—
虚血性心疾患	3.6	3.0	0.8
脳血管疾患	2.8	2.4	1.1
上記5疾患計	43.6	36.3	—

出所:『あだち元気プロジェクト』（足立区、2013年11月）
*1　国民健康保険被保険者に対する割合。
*2　代表的な病名は、「脂質異常症」 は高コレステロール血症、「虚血性心疾患」は心筋梗塞・狭心症、「脳血管疾患」は脳梗塞・脳出血など。

1000円と全国平均を大きく上回り、一般と退職者の差は1・5倍以上。足立区では、高齢者になると医療費が急増する傾向がある。

その最大の原因は生活習慣病の罹病率が高いこと。図表21をみれば明らかだろう。生活習慣病はその名が示すとおり、生活習慣を改善すれば予防できる。そうはいっても、歳を取ると体のどこかにひずみが出てくるのは仕方がないことだ。一番大切なのは、病気の気配が現れたとしてもそれを早く見つけ、早く対処して重症化を防ぐこと。それは、自分のためだけでなく、家族にも、さらには社会全体にも、様々なメリットをもたらす結果につながる。

ところが足立区では、生活習慣病予防の特定検診受診率は43・7%と23区平均の40・8%や全国平均の32・0%を上回っているものの、その結果に基づく特定保健指導の実施率は3・6%で、23区平均（12・9%）や全国平均（19・3%）と比べきわめて低い（データは2010年度）。つまり、生活習慣病の危険は察知できても、重症化への予防へとつながっていないのだ。

この状況を改善するには、区民の意識を変えるしかない。それが実現できない限り、足立区の平均寿命も健康寿命も、いつまでたっても低いままに終わってしまう。

「犯罪最多発区」という汚名の実態

収入や健康の問題を抱える足立区だが、それ以上に大きな課題はやはり犯罪だろう。足立出身だというと、「あの犯罪のまちの足立か」といわれ、途端に人づき合いを尻込みしてしまう人も少なくないという。

2009年に足立区が実施した『足立区政に関する世論調査』を見ると、「足立に対するイメージ」（回答は３つまで選択）は、「公園が多いまち」と並び「治安が悪いまち」がトップにあがっている。その割合は31・７％。区民のおよそ３人に１人が、「足立は治安が悪い」と答えたのだ。区民自身が、「足立＝犯罪のまち」と考えていたことになる。

実際当時の足立区は、２００６年以降続いていた「犯罪発生件数（刑法犯認知件数）23区最多」を驀進《ばくしん》中の時期だった。その後、犯罪発生件数の23区内での順位は、２０１２年に２位に改善されて以降、４位（２０１３年）↓６位（２０１４年）↓４位（２０１５年）↓４位（２０１６年）と進む。ところが２０１７年に、再び23区ワーストに逆戻りする。

この事態に、区政は強く反応した。区の反応は、それはそれで大事なことだ。首をかしげたくなるのは、「それ見たことか」とはしゃぎたてた一部メディアの勇み足と、これに付和雷同した世論の反応だ。

ポイントは次の２つ。ひとつは序章でも指摘したように、「足立区は大きな区だから犯罪の発生数が多くなるのも当たり前」という、ごく単純な事実が見落とされていること。もうひとつは、過去5年間での23区内での犯罪発生数の順位が、2位（2013年）→1位（2014年）→2位（2015年）→1位（2016年）→2位（2017年）と、足立区と比べてはるかに上位を維持し続けている世田谷区に対して、メディアも世論も何の興味も示していないことだ。

世田谷区も大きな区だから、犯罪発生件数が多くなるのはやはりあたり前で、メディアや世論が世田谷区を犯罪多発区だと呼ばないことは筋が通っている。問題は、世田谷では筋を通すのに、足立では筋を通さない姿勢にある。だが、この問題はここで論じるテーマではない。いましなければならないのは、「犯罪多発とは何か」を、もう一度原点に帰って考え直してみることだ。

筆者が最適と考えるのは、犯罪発生数を面積で割って標準化し、これを比べていくという方法である。

標準化の指標には、人口（夜間人口）が用いられることが多いが、千代田区は夜間人口が少ないので、人口で割ると大きな数字になってしまう。しかし、犯罪は夜起きるとは限らない。昼間人口が集中し、大きなお金が動くところだからこそ発生する犯罪もあ

図表22 犯罪発生密度（2017年）

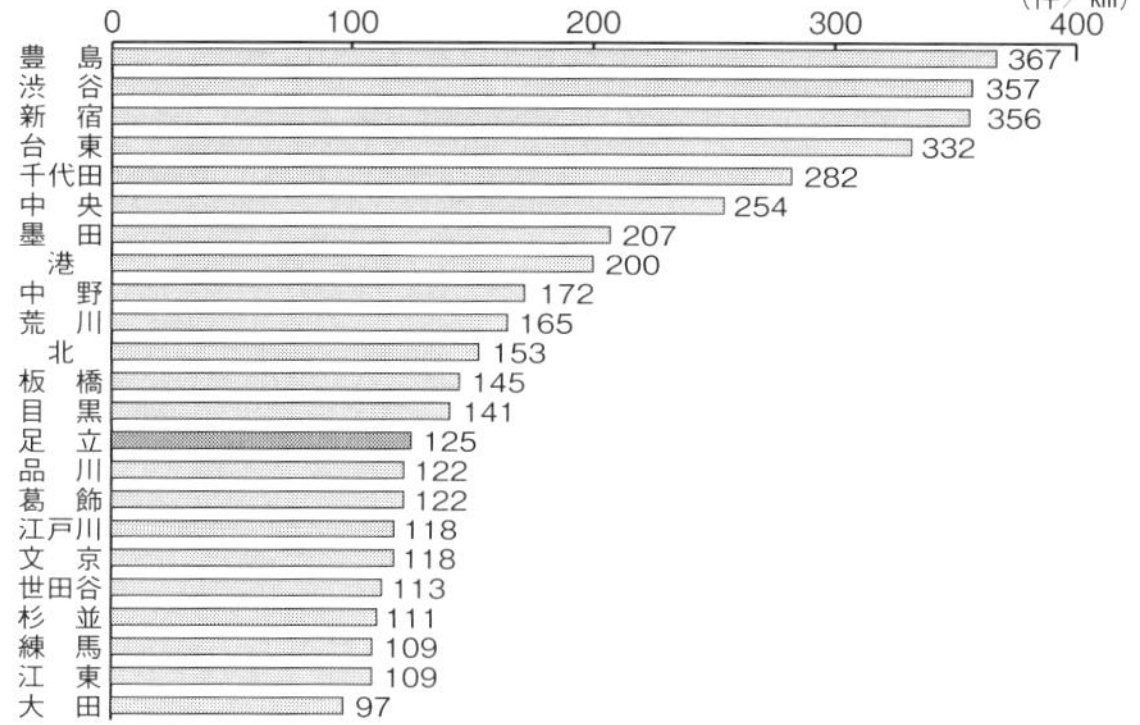

出所:『区市町村の町丁別、罪種別及び手口別認知件数』（警視庁）
＊ 区の総面積あたりの刑法犯認知件数。

る。これに対して犯罪発生件数を区の面積で割るということ（以下、「犯罪発生密度」と呼ぶ）は、防災の項でも指摘したように、どれだけ身近に犯罪が起きるかを示す指標となる。

その結果は図表22のとおり。図表22は、足立区が犯罪発生数23区最悪となった２０１７年の数値である。上位は、豊島、渋谷、新宿、台東と盛り場のある区が占める。数は１㎢あたり３５０件前後。単純計算すると、半径約30ｍの円の中で、1年に１回犯罪が発生していることになる。まさに犯罪と隣り合わせといっても過言ではない。

一方、足立区は14位。23区のほぼ真ん中あたりだ。犯罪にも色々あって、新聞やTVのニュースで大きく取り上げられるような、殺人、強盗、放火、強姦といった凶悪犯罪の発生密度は17位。「ヤバい」という意味では凶悪犯の方がより関心が高いという視点に立てば、足立区は23区の中で比較的安全な場所になる。犯罪最多発区への逆戻りといっても、内実はイメージと随分異なっている。

足立を襲った「2017年問題」

だったらそれでいいのかというと、そうはいかない面もある。図表23をご覧いただきたい。2008年を100としたときの、犯罪発生数の年次推移を示したものだ。足立区も23区平均も、10年間で6割程度にまで犯罪が減っている。注目すべきはその減り方だ。

2012年ごろまで、23区平均とほぼ同じペースで犯罪が減っていた足立区は、後述するように区の様々な努力の甲斐あって、その後は23区平均を上回る速度で犯罪の減少が進むことになる。

しかし、2017年は前年に比べて犯罪が増えた。23区全体では改善傾向が維持され

図表23　犯罪発生数の推移(2008年=100)

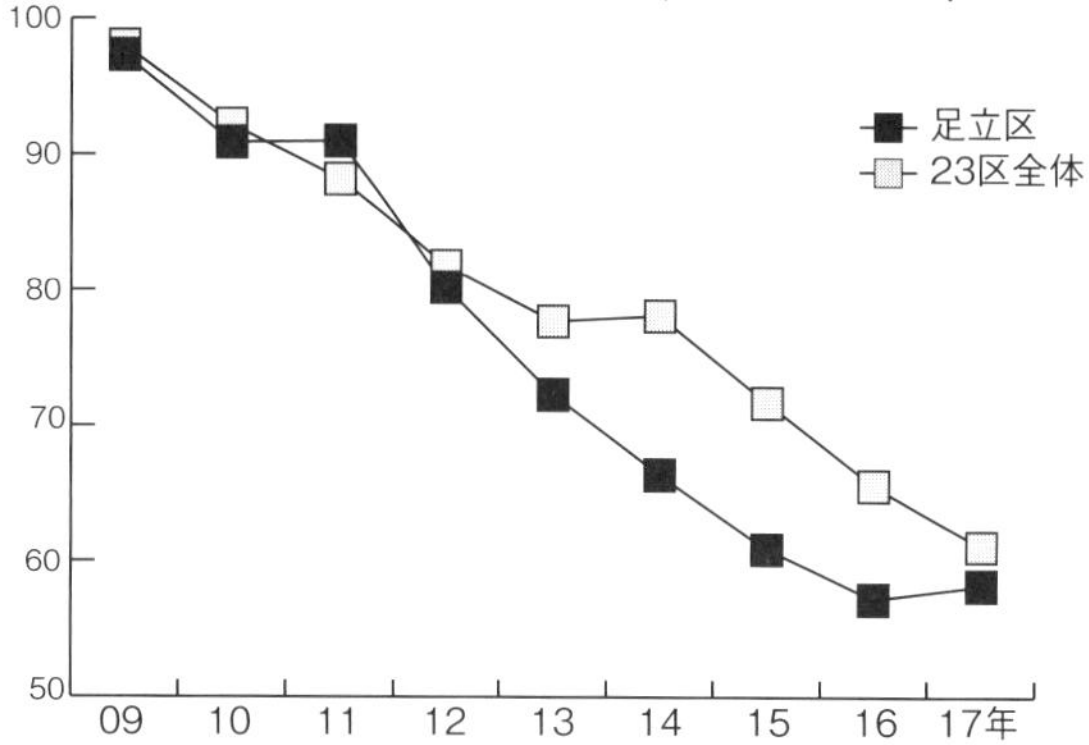

出所:『区市町村の町丁別、罪種別及び手口別認知件数』(警視庁)
＊　刑法犯認知件数の推移。

た2017年に、足立区では犯罪発生数が増えたのだ。足立区の治安における「2017年問題」の発生である。

繰り返しなるが、この問題が深刻なのは、犯罪数が23区ワーストに戻ったことではない。治安の改善が頭打ちになってしまったことにある。

2018年の1月〜6月までの半年間のデータを見ると、足立区の犯罪発生件数は再び23区の6番目にまで改善している。

それ以上に評価できるのは、発生実数が前年同期と比べ25%近く減っていることだ。

しかし、これで安心と油断していたら、また増えるかもしれない。2017年になぜ犯罪が増えたのか。その構造的な要因にまでさかのぼった検証が急がれる。

「ヤンキーのまち」の虚々実々

足立区の治安のイメージとして、「犯罪多発のまち」と並んで定着しているのは、「ヤンキーのまち」という評価ではないだろうか。

「荒れた学校」がピークにあった1980年代。もちろん足立区でも、学校の荒廃が深刻化していたであろうことに間違いはない。しかし、特に足立区で問題が突出していたという記憶はない。「足立＝ヤンキー論」が世に広まっていったのは、1990年代以降のことのように思われる。

筆者はその背景に、1988年～89年にかけて足立区綾瀬で発生した「女子高生コンクリート詰め殺人事件」が強い影響を及ぼしているのではないかと考えている。当時15～18歳の4人の少年が、たまたま通りかかっただけの女子高生を誘拐・監禁し、強姦とすさまじい暴行を加えた果てに殺害。さらに、遺体をドラム缶にコンクリート詰めして遺棄したという事件だ。周囲の大人が見て見ぬふりをしていたことが、世の震撼を一層高める結果となった。

この事件が足立だからこそ起きたのか、たまたま足立だったのかは分からない。だが、足立で起きたことは間違いない。

足立区にヤンキーが多いのか少ないのかを、データで確かめることは不可能に近い。犯罪の統計は、発生した場所で集計される。例えば足立区に住む子どもが、お隣の北区で何か問題を起こし、逮捕なり補導なりされた場合、それは北区での出来事とカウントされる。

そんな限界はあるにせよ、刑法に触れる罪を犯して検挙あるいは補導された少年（少女を含む、以下同）の数を、発生密度という視点で集計すると、高い方から渋谷区、台東区、新宿区の順となる。犯罪全体の傾向と同様、これも盛り場型だ。足立区は12位で、多いとも少ないともいえない。

一方、不良行為で補導された少年の発生密度は図表24のとおり。足立区は荒川、墨田の両区に次いで3番目に多い。4位以下を見渡しても、若者が集まるイメージのある渋谷区が5位に入っている以外、上位はいずれも東京東部の下町である。

図表24　不良行為少年補導の発生密度（2016年）

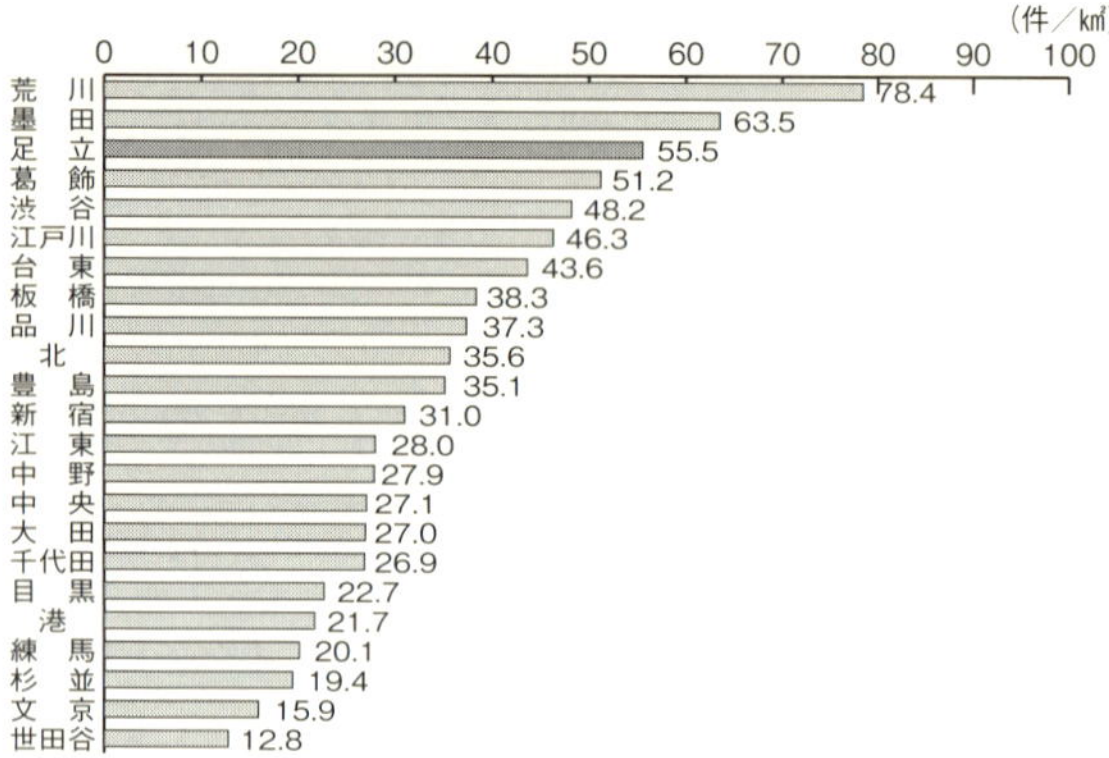

出所:『警視庁の統計』（警視庁）

補導された不良行為の内訳は、深夜徘徊が78%と圧倒的多数を占める。これに次ぐのは喫煙の12%。両者合わせると9割にのぼる。

将来大きな課題につながりかねないこうした子どもたちの心のすき間を早めに見つけ、小さな芽のうちに摘み取り正すのは、お巡りさんの巡回より以上に、周りの大人たちの役目だ。お節介焼きを信条とする東京東部の下町で不良行為で補導される少年が多い裏には、こんな要素も作用しているのではないかと思うのは考えすぎだろうか。

しかしその一方で、2011年~2016年の5年間で不良行為によって補導された少年の数は、23区全体では35％減っているにもかかわらず、足立区では15％増えたと聞くと呑気な話ばかりしてもいられなくなる。

　子どもは大人と比べ、環境の影響をはるかに受けやすい。「ヤンキーのまち」だと白い眼で見られれば、「それなら羽目を外してやろう」と「ちょい悪ぶる」子も出てくるだろう。だが、初めは「ちょい悪」気分でも、やがて「ほん悪」へと巻き込まれていく危険性をはらんでいる。

「足立＝ヤンキー論」には虚々実々の感がある。「足立はヤンキーのまち」というレッテル貼りが、足立の子どもたちに良い影響を与えないことは間違いないが、それ以上に大人たちが足立の子どもたちが置かれている実態に真剣に向き合うことが必要ではないかと思われる。

小学1年生の4～5人に1人が生活困難家庭

　社会が抱える問題は、一番弱いところに集中して現れる。その意味では、足立で補導される少年が多いのは、貧困ボーダー層が多い故と考えることもできる。貧困がもたらす子どもたちへのしわ寄せは、犯罪だけでなく、より日常的な問題としても現れてくる。

足立区の調査（『足立区子どもの貧困対策実施計画』）によると、2000年と2014年の比較で、区内の18歳未満の人口は0・4%減とほぼ横ばいの状態であるにもかかわらず、18歳未満で生活保護を受けている子どもの数は1・4倍に増えているという。

同じ調査には、経済的な理由で就学困難な児童・生徒の保護者に対し、学用品等の費用を援助する就学支援の実施率が、2014年度で35・8%（小学校：32・7%、中学校：42・6%）にのぼるというデータも紹介されている。自治体によって援助の基準が異なるため単純な比較はできないが、2013年度のわが国の就学援助率の平均値は15・7%。足立区との差はあまりにも大きい。

足立区が、独自の視点から子どもの実態を把握するための資料を得ることを目的に実施している『子どもの健康・生活実態調査』では、①世帯年収が300万円未満、②子どもの生活に必需と思われる物品や5万円以上の貯金がない、③過去1年に経済的な理由でライフラインの支払いができなかったことがある、という3つの条件のいずれかに該当する家庭を「生活困難家庭」と定義している。

図表25 生活困難家庭の子どもの健康・生活の実態(2017年、%)

区分	項目	生活困難家庭	比較	非生活困難家庭
健康	麻疹風疹ワクチン接種なし	16.1	>	9.6
	歯磨きが1日1回以下	31.0		22.4
	虫歯が3本以上	28.9	>	18.7
日常生活	平日は22時以降に就寝	16.5		13.1
	テレビ・動画視聴3時間以上	16.4	>	9.1
	コンピュータゲーム1時間以上	26.3	>	16.5
	留守番週1回以上	14.5	>	9.1
食生活	朝食を食べない日がある	11.7	>>	4.6
	夕食を子どもだけで食べる	6.7	>	4.2
	お菓子を自由に食べる	33.1	>	22.0
親の状況	重度な抑うつ傾向あり	12.8	>>	3.5
	母親の帰宅時間が不定または20時以降	11.0		7.5
地域との関係	相談相手がいない	12.8	>>	3.0
	地域への信頼感がない	12.3	>>	5.8
	地域との結束を感じない	16.3	>	10.3
	地域の助け合いがない	17.5	>	9.6

出所:『平成29年度 子どもの健康・生活実態調査』(足立区)
*1 調査対象は区立小学校に在籍する小学1年生。
*2 「生活困難家庭」の定義は本文参照。
*3 「比較」は、生活困窮者と非生活困窮者比が1.5〜2.0は「>」、2.0以上は「>>」とした。

小学校1年生の子どもがいる家庭のうち、この「生活困難家庭」に該当する世帯の割合は2017年調査で22%。2015年調査では25%だったことと比べると、減っているように見えるが、統計学的にいえば減っているかどうかはこのデータだけでは判断できない。確実にいえ

図表26　肥満傾向児の割合（2015年）

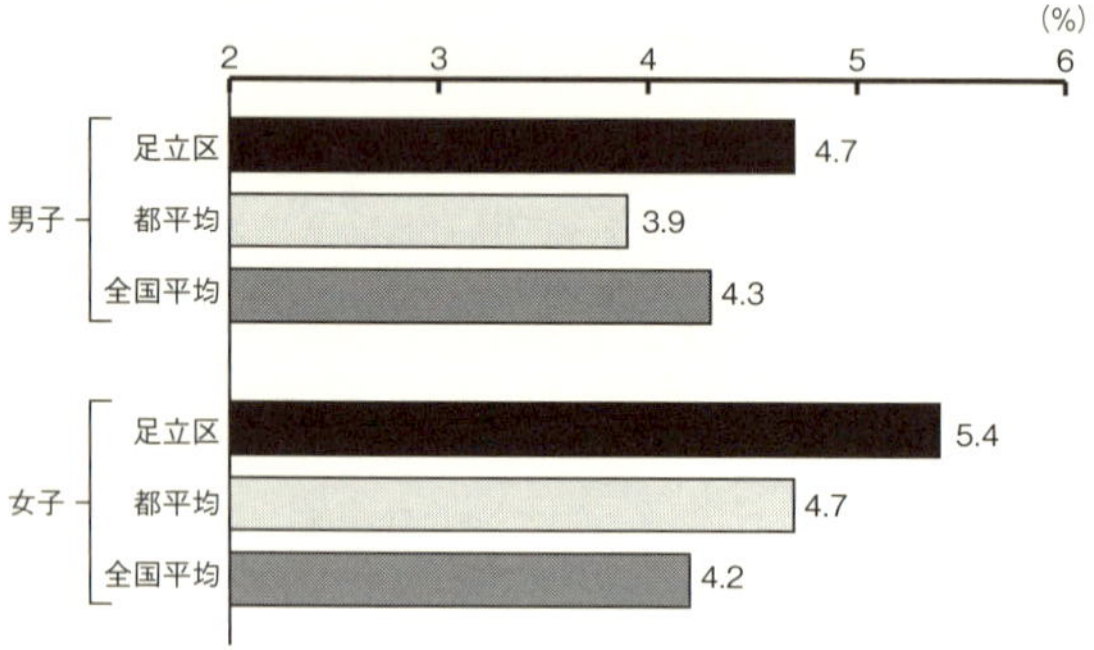

出所：『子どもの健康・生活実態調査』（足立区、2017年）
＊1　対象は小学1年生。
＊2　肥満度20％以上の子どもの割合。

ることは、子どもの4〜5人に1人が生活困難家庭の悩みにさらされているという事実だ。

生活困難家庭は、そうではない家庭と比べ、子どもの健康、食事、日常生活、親の生活等、子育て環境に様々なデメリットが余儀なくされてくる（図表25）。

生活困難家庭が抱える問題は、彼らだけの特殊問題として済ますことはできない。それは足立区を取りまく大きな環境の中から生まれてきたものだからだ。

例えば、肥満度20％以上の肥満傾向児の割合は、都の平均はもとより、全国平均と比べても高いし（図表26）、虫歯がある子どもの割合（小学校1年生ベース）も44％にのぼり、都の平均と比べ8ポイントも多い。
もちろん肥満や虫歯が多いであろう生活困難家庭の子どもたちの存在が、足立区全体の数値を押し上げていることは否定できない。

だが問題の本質は、足立の子育て環境が子どもたちにどのような影響を与えているかという根っこの部分にある。

２０１６年の平均所得水準が47都道府県で一番低い秋田県が学力テストの結果で上位にあることに象徴されるように、所得格差と学力格差は相関しない。所得水準2位、大学進学率3位の神奈川県が学力テストの結果は全国の平均並みかそれ以下であるように、学力格差と進学格差も相関しない。

大切なことは、学力や進学といった結果だけに捉われることなく、子どもが置かれている状況を真摯に見つめなおすことだ。

その意味で、足立区が置かれている状況は厳しい。と同時に、実態に正面から向き合おうとする足立区の取り組みは心強くもある。

3．どこにも負けない「絆」の力

足立の出生率はなぜ高い

足立の未来を見通したとき、心強いのは区の取り組み姿勢だけではない。足立には足立ならではの魅力があり、実は区の取り組みも、このベースの上に乗っている。高い出生率（正しくは「合計特殊出生率」）に、こうした足立の魅力が象徴されている。

合計特殊出生率とは1人の女性が生涯に生む子どもの数の平均値のことだ。単純に考えると、子どもが2人生まれれば、確率として女の子が1人。その子が大きくなってまた子どもを2人生み、さらにその孫もひ孫も2人ずつ子どもを生んでいけば、人口は減らない計算になる。

ところが、生まれてくる子どもの数は男の子の方が女の子より5％ほど多いという事実がある。女性の方が長生きであるように、子どものときも女の子の方が命にかかわる病気にかかりにくいから、大人になったとき男女同数になるよう男の子の方がたくさん生まれてくるようになっている。これは神様が描いた絶妙の設計図で、人類に共通している。加えて、女の子であっても、不幸にして大人になる前に亡くなる子どももいる。だから、実際は2人では足りない。

人口が減らないための合計特殊出生率の値を「人口置換水準」という。わが国では2・07。ざっと2・1と考えておけばいいだろう（以下、合計特殊出生率は「出生率」と、人口置換水準は「置換水準」と略称することにする）。

わが国の出生率が、この置換水準を下回るようになるのは1974年のこと。それまでにも、例えば1966年の丙午の年のように一時的に出生率が下がったときもあったが、1974年以降は出生率が置換水準を継続して下回り続けている。出生率が最も低かったのが2005年の1・26。その後少し上昇し、2016年は1・44。置換水準とはまだ相当の差がある。

2016年の東京都の出生率は1・24。全国47都道府県中最も低い。23区の平均値は東京都の平均をさらに下回る1・22。ただし23区内での差は大きく、トップの港区と最下位の豊島区との間には0・4ポイント以上の開きがある（図表27）。

図表27　合計特殊出生率（上位・下位各7区）

	2016年		2011年		2006年		2001年	
1位	港	1.45	江戸川	1.34	江戸川	1.33	江戸川	1.31
2位	中　央	1.44	足　立	1.34	足　立	1.22	足　立	1.23
3位	江戸川	1.43	葛　飾	1.31	葛　飾	1.17	葛　飾	1.19
4位	江　東	1.39	荒　川	1.25	江　東	1.16	墨　田	1.1
5位	葛　飾	1.36	江　東	1.24	荒　川	1.08	荒　川	1.09
6位	千代田	1.35	港	1.17	墨　田	1.07	江　東	1.08
7位	足　立	1.34	練　馬	1.14	板　橋	1.06	練　馬	1.07
⋮	⋮		⋮		⋮		⋮	
17位	世田谷	1.12	千代田	0.94	千代田	0.82	文　京	0.81
18位	渋　谷	1.08	豊　島	0.91	世田谷	0.81	世田谷	0.79
19位	新　宿	1.07	新　宿	0.89	豊　島	0.79	豊　島	0.77
20位	中　野	1.06	目　黒	0.88	中　野	0.77	中　野	0.77
21位	目　黒	1.04	杉　並	0.87	杉　並	0.76	杉　並	0.73
22位	杉　並	1.03	中　野	0.86	目　黒	0.74	目　黒	0.73
23位	豊　島	1.02	渋　谷	0.86	渋　谷	0.73	渋　谷	0.72

出所:『人口動態統計』（東京都）
＊　同数の場合は前年の数値に基づき順位を定めた。

２０１６年の上位をもう少し詳しく見ると、２位が中央区。千代田区も上位グループに入っている。上位グループを構成するもうひとつの勢力が東部３区だ。都心と東部３区という全く性格が異なる２つの地区が、仲良く上位に顔を並べている。

実は、都心の出生率が高くなったのは最近のことで、２０１１年には港区がようやく６位に入っていた程度。千代田区は、以前は下位グループに属していた。都心に代わってかつて上位を独占していたのが東部３区だ。２０１６年７位の足立区も、５年前までは江戸川区と並ぶトップ２の位置にあった。

ちなみに下位グループの方は、順位に変動はあるものの、副都心と西部山の手の指定席の感がある。

東京の出生率の低さにはカラクリがある。詳細は拙著『23区大逆転』に記したが、要するに東京は若い独身者がたまるまちだからだ。進学や就職を機に上京してきたひとり暮らしの若者たちも、やがて結婚し、子どもを生む。

しかし、結婚や出産を契機に、主として住宅の問題から彼らは郊外へと引っ越していく。その空いた穴を、再び上京してきた若者が埋める。この繰り返しの結果として、東京の出生率は低くなる。副都心や西部山の手は、こうした若いひとり暮らしの独身者が特に多いまちだから、出生率が低くなる。

逆にいうと、30代を中心としたファミリー層が増えると出生率は高くなる。都心の出生率が近年急上昇しているのはこのためにほかならない。

では、かつて足立を含む東部3区が出生率上位を独占し、30代が減っているいまもなお高い出生率を維持し続けているのはなぜなのだろうか。

答えは〝家族の力〟

謎は図表28を見れば解けてくる。

23区でひとり暮らし世帯の割合が一番少ないのは葛飾区。上位を東部3区が独占し、足立区は3位だ。ひとり暮らしが少ないまちとは、若い独身者が魅力を感じないまちと思われるかもしれない。なるほどひとり暮らしが多いのは、新宿区、豊島区、渋谷区、中野区と、若者が好みそうなまちが並んでいる。

では、高齢者のひとり暮らしが少ないまちとなるとどうだろうか。一番低いのは世田谷区。二番目は練馬区。この両区は、実は高齢夫婦2人暮らしが多いという特徴がある。高齢夫婦2人暮らしは、夫婦のどちらかが亡くなると、途端にひとり暮らし問題が深刻化してくる。

高齢者のひとり暮らしは少ないが、その予備軍たる高齢夫婦2人暮らしが多い世田谷区や練馬区を、筆者は「独居老人化モラトリアム（執行猶予）地区」と呼んでいる。これに対して東部3区は、高齢夫婦2人暮らしの割合も、足立区11位、江戸川区9位、葛飾区16位と高くない。

図表28 家族生活に関するデータ（上位・下位各7区、2015年、%）

	ひとり暮らしの割合（低い順）		高齢者ひとり暮らしの割合（低い順）		三世代同居の割合（高い順）	
1位	葛飾	39.4	世田谷	21.7	葛飾	2.77
2位	江戸川	40.7	練馬	22.1	江戸川	2.65
3位	足立	41.4	江戸川	22.5	足立	2.59
4位	練馬	41.4	足立	24.2	荒川	2.36
5位	江東	43.8	葛飾	24.4	墨田	1.94
6位	荒川	44.5	荒川	25.7	練馬	1.84
7位	墨田	48.1	墨田	26.2	北	1.79
⋮	⋮		⋮		⋮	
17位	台東	56.4	台東	31.2	渋谷	1.06
18位	文京	57.3	中央	31.2	港	1.05
19位	千代田	58.5	中野	32.4	中野	1.04
20位	中野	61.9	杉並	32.8	豊島	0.93
21位	渋谷	63.0	新宿	33.4	中央	0.93
22位	豊島	63.5	豊島	33.8	千代田	0.92
23位	新宿	64.9	渋谷	34.7	新宿	0.88
参考	23区平均	50.6	23区平均	27.0	23区平均	1.60
	全国平均	34.6	全国平均	17.7	全国平均	5.68

	4人以上家族の割合（高い順）		15歳未満の子どもの割合（高い順）		25～44歳女性の未婚者の割合（低い順）	
1位	江戸川	18.0	江戸川	13.4	江戸川	30.9
2位	葛飾	16.6	江東	12.6	江東	31.8
3位	足立	16.2	港	12.4	葛飾	33.0
4位	練馬	15.9	足立	12.0	足立	33.1
5位	荒川	14.3	練馬	12.0	中央	34.4
6位	江東	13.4	中央	11.9	練馬	35.7
7位	大田	12.6	千代田	11.8	港	36.2
⋮	⋮		⋮		⋮	
17位	千代田	9.6	北	10.0	文京	41.4
18位	台東	9.4	杉並	9.9	目黒	44.3
19位	中央	8.8	渋谷	9.1	杉並	44.6
20位	中野	8.0	台東	9.0	中野	46.3
21位	豊島	7.7	中野	8.3	豊島	46.6
22位	渋谷	7.4	新宿	8.3	渋谷	46.6
23位	新宿	7.2	豊島	8.3	新宿	52.3
参考	23区平均	12.2	23区平均	11.0	23区平均	38.9
	全国平均	20.0	全国平均	12.6	全国平均	32.3

出所:『国勢調査』

足立区をはじめとする東部3区は、若い人であろうと高齢者であろうと、ひとりで暮らす人が少ないまちなのだ。別の表現をすれば、誰であってもひとりで暮らすのを良しとしないまち。だから、独居老人予備軍となる高齢夫婦の2人暮らしも少なくなる。

高齢者がひとり暮らしでもなく、夫婦2人暮らしでもないとしたら、単純に考えて残る有力な選択肢は三世代同居となる。しかし、東京の住宅事情を考えると三世代同居の実現はハードルが高い。実際、23区で三世代世帯同居をしている人の割合は1・6%しかない。

この点は東部3区でも変わりはない。とはいえ、メジャーな存在ではないにしろ、東部3区の三世代同居の割合が、23区の平均を上回っているという事実も見逃せない。

こうしたデータを考え合わせると、ひとつの仮説が浮かび上がってくる。足立区をはじめとする東部3区には、いまも強い「家族の力」が生き続けているのではないかという仮説だ。

データで検証はできないが、この仮説が成り立っているとすれば、たとえ同居していなくても、「スープの冷めない距離」に住むという、家族の絆をいま風に具体化する形も多いのではないかと想像される。

加えて後述するように、足立は定住のまちという強い特徴をいまも持ち続けている。定住のまちであるから、たとえ同居していなくても家族は近くに住んでいるケースが多い。親戚も身近だし、古くからの友人知人も周囲に多い。だから女性が安心して子どもを生める。

その結果として、結婚する人が多くなり、子どもの数が多くなり、まちの中の子どもの割合も多くなる。周りがそうなれば、子どもを生んでも安心だという気持ちはますます強くなる。

足立をはじめとした東京東部には、こうした出生率を高める好循環が存在しているのではないだろうか。それは、低出生率に悩むわが国にとって、ひとつのモデルとなり得る姿だといっていい。

高出生率を支える若いママたち

「ヤンママのまち」。これも足立を象徴するイメージのひとつだ。

図表29　新生児の母親が20代未満の割合（2016年）

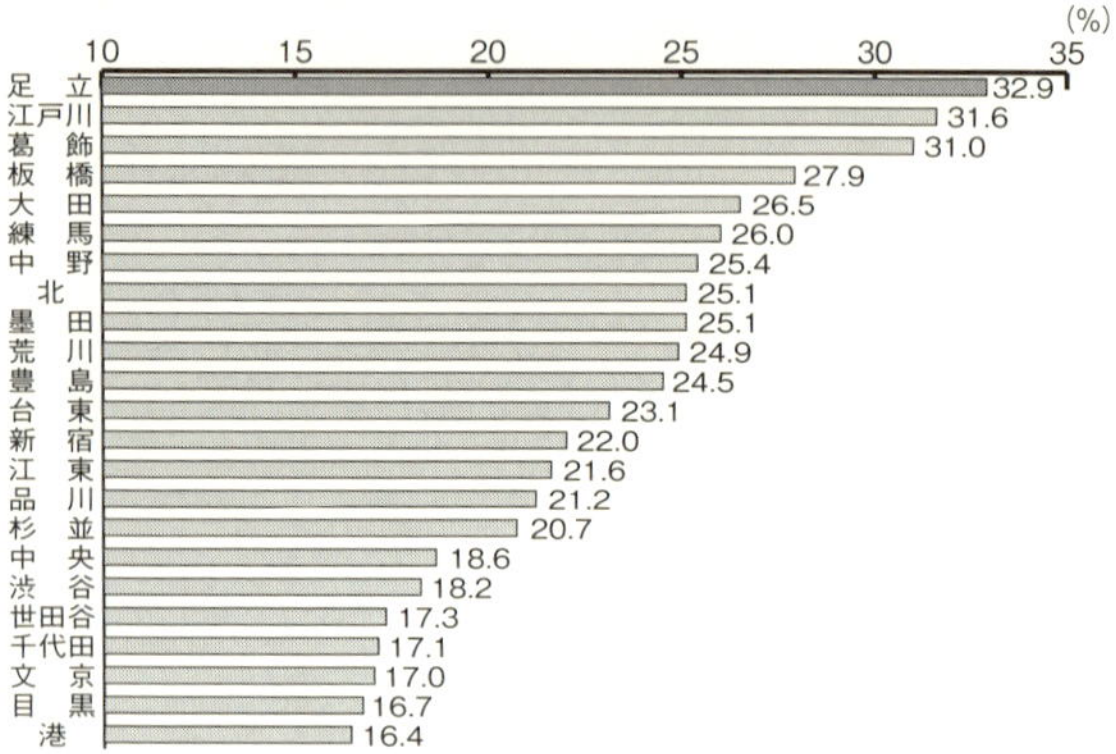

出所:『人口動態統計』（東京都）

２０１６年の１年間に生まれた子どものうち、お母さんが10代だった人の割合は、23区で足立が一番多い。とはいってもその数はわずかに１・３％。足立でもヤンママは例外に属する。

むしろ注目すべきは20代以下の若い母親の多さにある。足立で生まれた赤ちゃんの３人に１人が、ママはまだ20代以下。若いお母さんが一番少ない港区との間には、２倍の開きがある（図表29）。

子育てには体力が要る。イクメンが増えてきているとはいうが、パパはあまり役に立たないというのが、まだまだ多くの実態だ。

子どもを生まないという選択をする人もいれば、生みたくても生めない人もいるから、出生率が置換水準を超えるためには子どもが3人以上という家族が多くなる必要がある。医学の進歩に伴って高年齢での出産のリスクは格段に改善されているが、体力のことを考えると、若いママほど子どもを生み、育てやすいことは容易にうなずける。

そうはいっても、3人以上の子どもを育てるには、ママとパパの奮闘だけでは不安が残る。保育園の整備をはじめとする公的な子育てサポートは当然必要ではあるが、子育てはハプニングの連続で、いつ何が起きるかわからない。そんなとき、頼りになるのが足立に根づく家族の力だ。

東京都の女性の平均初婚年齢は30・5歳。江戸川区に次いで23区で2番目に結婚が早い足立区でも30・0歳。

この実態に照らすなら、20代のお母さんはいまや「ヤンママ」と呼べるようになってきたのかもしれない。

ヤンキーファッションと派手な化粧に身を包み、タバコをふかしながら公園で子どもを遊ばせる——そんなヤンママ像がもう古いことだけは確かなようだ。

高齢者福祉の「意外な」穴場

足立も東京も例外なく、これからのわが国にとって子育てと並んで難問となるもうひとつの課題は高齢者福祉だ。

実は世界には、少子化の克服に成功した国が結構ある。有名なのはフランスだが、スウェーデンをはじめとした北欧諸国やイギリスでも、出生率が大きく改善している。これに比べると、高齢化への対応は難しい。

前にも少し触れたことだが、自治体レベルで高齢化率を下げることは不可能ではない。しかし、国レベルとなるとそうはいかない。若い移民が増えると見掛けの高齢化率は下がるが、そのときは別の問題が噴き出すリスクと隣り合わせになる。

介護保険会計は年々悪化していくし、介護施設への入所は気の遠くなるような順番待ち。有料老人ホームに入れるのは一部のお金持ちだけ。

国も自治体もあれこれ知恵を絞ってはいるが、なかなか名案が浮かばないというのが実情である。

そこで期待されているのが、コミュニティの中で互いに見守り合い、支え合い、助け

図表30 福祉施設の集積（上位・下位各7区）

	入所型高齢者福祉施設定員充足率(%)（2016年5月現在）		特別養護老人ホーム定員充足率(%)（2016年5月現在）		サ高住集積密度（戸/㎢）（2017年12月現在）	
1位	葛飾	2.54	港	1.71	足立	30.4
2位	足立	2.52	葛飾	1.63	板橋	27.3
3位	港	2.29	足立	1.48	世田谷	22.7
4位	板橋	2.01	渋谷	1.38	葛飾	19.7
5位	江東	2.00	千代田	1.33	台東	17.1
6位	荒川	1.99	豊島	1.31	中野	14.8
7位	練馬	1.96	江東	1.23	北	14.6
⋮	⋮		⋮		⋮	
17位	台東	1.40	江戸川	0.99	杉並	2.4
18位	大田	1.39	墨田	0.99	江東	2.2
19位	目黒	1.33	目黒	0.93	江戸川	2.2
20位	千代田	1.33	新宿	0.90	千代田	0.0
21位	世田谷	1.20	台東	0.86	文京	0.0
22位	中野	1.15	品川	0.83	目黒	0.0
23位	品川	1.03	世田谷	0.79	荒川	0.0

出所：入所型高齢者福祉施設と特養は『社会福祉施設等一覧』（東京都） サ高住は『サービス付き高齢者向け住宅情報提供システム』（(一社)高齢者住宅推進機構）
*1 入所型高齢者福祉施設は、指定介護老人福祉施設（特別養護老人ホーム）、介護老人保健施設、軽費老人ホーム（(A型・B型)の合計。
*2 入所型高齢者福祉施設と特別養護老人ホームは合計定員数の区内高齢者数に対する割合。サ高住は面積あたりの供給戸数。

合うという社会システムづくりだ。これは、地域コミュニティの絆が強くなければできないが、もともと住民同士のつながりが深いまちでは、これまでもごく自然に行われてきたことの延長線に過ぎない。

江戸の長屋をルーツとする台東区や墨田区の南部（本所）、江東区の北西部（深川）、あるいは戦前の早い時期に開発が進んだ墨田区北部（向島）や荒川区などの下町地区は、小さな家に人が密集して住んでいた。

このため、ご近所での助け合いが必然的に生まれていった。そうでなければ生きていけなかったからだ。

東部3区も地域が助け合うというDNA

を持っている。ひとりでもできる畑作と異なり、もともと東部3区で行われていたコメ作りは集団作業が不可欠であるため、家族主義、地域主義が生まれてきたというのは筆者の仮説だが、あながち珍説ではないと考えている。

理由はともかくとして、足立区を含む東部3区には、草の根の福祉力が備わっていることは、多くの読者も共感していただけるだろう。

「自分の幸せより人の幸せ」がフーテンの寅さんの信条だし、「人の悲しみが分かる人間になれ」は金八先生の口癖だ。

足立区の福祉の実力はこれだけではない。高齢者の数に対する入所型高齢者福祉施設の定員充足率は葛飾区に続きトップ2に位置する。特別養護老人ホームの定員充足率は3位。まだ元気なお年寄りが、自立しながら生活のサポートを受けることができる施設として、いま大きな注目を集めているサービス付き高齢者向け住宅（サ高住）の集積密度は23区で一番高い（図表30）。

自宅暮らしのときは地域の支え、ちょっと不安になったらサ高住、いざというときの介護施設。トリプルAの評価を誇る足立区は、高齢者福祉の「意外な」穴場なのだ。

港区が足立化している⁉

「足立パワー」を象徴してまとめた感のある図表28に取り上げた6つの指標のうち、15歳未満の子どもの割合は、過疎化が深刻化している秋田県が47都道府県の中で一番低い。2番目に低いのが北海道。以下、青森県、ひとつ飛んで高知県と、やはり同じ課題を抱えるところが並んでいる。ひとつ飛ばした44位は東京都。23区の子どもの割合はさらに低く、47都道府県での比較では1位の秋田県と2位の北海道の中間となる。

実は、東京で子どもの割合が低いのは相対的な結果である。子どもが一番少ない秋田県は、高齢化率が一番高い。逆に子どもが一番多い沖縄県は、高齢化率が最も低い。だが、東京都は高齢化率も沖縄に次いで全国2番目に低い。なぜそうなるかというと、東京はわが国のビジネスの中心であるため、15〜64歳の生産年齢人口が集中しているからだ。

高齢化率も子どもの割合もどちらも高い足立区は、生産年齢層が少ないという意味では東京らしくないともいえる。

子どもの割合以外の他の5つの指標での東京の位置は明快だ。すべて最下位。これらに関して足立区は、はっきり東京らしくない。

かつてわが国の大部分が、東部3区と同様に田んぼでコメ作りをしていた。このため家族主義・地域主義は、日本人の価値観の底流となっている。

ところが、欧米に追いつけ、追い越せと時代が進むうちに、頭の中も欧米流の個を重視する考えがもてはやされ、家族主義・地域主義の伝統は古臭いものとみなされるようになっていった。

家族や地域に縛りつけられるのではなく、自分のしたい生活を重視する。東京は、わが国の先端にあるから、その傾向が最も強くなる。家族のつながりを示す指標が軒並み最下位となるのはこのためだ。しかしいま、東京のさらにその先端を走る都心で何が起きているのかを思い出してほしい。ファミリー層が増え、出生率が上がり、港区はいまや23区内で出生率トップのまちへと姿を変えた。

港区でバブリーな女性のライフスタイルが復活しているとの説がある。それはトレンドの一断面しかみていない。港区の若い女性にとっていま最大の関心は、クラブで踊りあかすことはなく子育てなのだ。

港区が足立化しているというつもりはない。だが、家族という窓から眺めてみると、港区は足立区に近づき出している。

クラブで独身貴族を満喫していた人も、ホンネは「家族が一番大切だ」と思っていただろう。だからファミリー層が増えることによって、まち全体に家族主義がよみがえっていくことはそれほど難しいことではない。これに対して、いったん壊れてしまった地域主義を復活させるのは容易ではない。その家族主義も地域主義も、足立には現役でまちに根づいている。

ここにこそ、足立の最大の強みがあるといっていい。一番遅れていると思って、ふと振り返ってみると、実はトップを走っていた。それは別段おかしなことではない。世の価値観はぐるぐる回っていくものだ。ポイントはそれに気づくか気づかないか。気づかなければいつまでたってもビリ。

気づいたときは、1周飛ばしてトップに立てる。いま足立は、そんな状況の中にある。

＊1　「貧困線」とは、相対的な貧困ラインを示し、等価可処分所得の中央値の2分の1として求める。等価可処分所得は、世帯手取り収入を世帯数の平方根で割ったもので、2015年のわが国の「貧困線」は122万円とされる。

＊2　図表20の注にも記したとおり、平均寿命、健康寿命とも、単位は正しくは「年」であるが、以下では社会の通例に合わせて「歳」と表示することにする。

第3章　足立に異変が始まった

1　何か足りない？　どこが足りない？

定住率は足立区が金メダル

転売目的の人は別にして、ほとんどの人は家を買うと長く住み続ける。30代の住宅取得適齢期にマイホームを手にした人の多くは、少なくとも配偶者が亡くなってひとりになるまでは、そこに住み続けると考えているのではないだろうか。

ちなみに、35歳の平均余命（35歳の人があと何年生き続けることができるのかの平均値で、「平均寿命」とはゼロ歳の平均余命を指す）は、２０１７年値で男性が47年、女性なら53年もある。

だから住宅を売る方も、そのまちがいつまでも便利で快適で安全な暮らしを続けることができる「定住のまち」であることをウリ文句にし、買い手の心をくすぐろうとする。もしかしたら、10年後にはスーパーが閉店し、病院が移転し、バス路線が廃止になり、学校が統廃合されてしまうかもしれない。だが、知っていて黙っていたのならともかく、売る方はそこまで責任を負うことはない。

いささか無責任の感も否めない不動産広告とは異なり、自治体が目指す「定住のまち」には、もっと強い思いが込められている。人口が増えることは、まちが発展することの何よりも具体的な証となる。「人口が減ってもいい」と市長さんがいい出したら、途端に再選に赤信号が点る。

もっとウラ読みをすると、自治体としては人口が増えてもらわないと困る理由がある。大部分の自治体にとって、財政を支える上でなくてはならない柱である地方交付税は、人口の数が交付額を左右する最も基本的な指標となる。国勢調査の人口は、塀の向こうもカウントされる。その果てに、刑務所の誘致合戦が起こったりもする。自治体にとっては、それほど深刻な問題なのだ。

その一方で、人口が増えるとお役所の仕事は増える。増えた仕事をこなすにはお金がかかる。このため自治体は、長く住み続けて税金を払い続けてくれる人が増えて欲しいと願う。最近は、やむにやまれずシルバータウンの誘致を目指す自治体もあるようだが、やはりホンネはより多くの税金を払ってくれる若年層がほしい。こうして「定住のま

図表31　定住率（2015年）

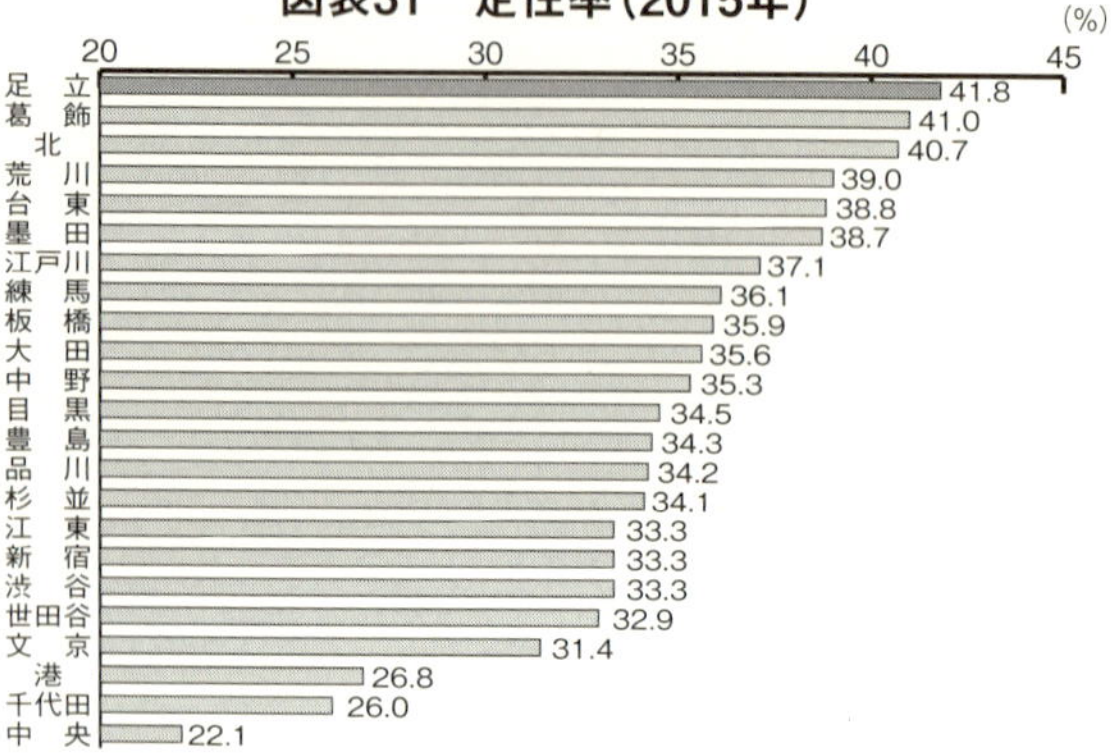

出所:『国勢調査』
＊1　いま住んでいる所に20年以上（20歳未満は生まれてからずっと）住んでいる人の割合。

ち」は、自治体にとっての「金科玉条」（きわめて大切な拠りどころ）となる。

図表31は、いま住んでいる所に20年以上（20歳未満は生まれてからずっと）住み続けている人の割合を示したものだ。20年以上住み続けているのだから、「定住している」といっていいだろう。

23区のトップは足立区。悪い方なら1位はあったが、良い方ではせいぜい2位止まり。たまの1位もあまりぱっとしないものばかり。

そんな足立区が、堂々の金メダルを手にするデータがようやく出てきた。だが、喜んでばかりはいられない。

「定住率＝まちの魅力を表す指標」なのか

今度は、図表31を下の方からみて欲しい。最下位は中央区。次いで千代田区、港区。東京で最も勢い盛んな都心3区が並んでいる。一見意外に思えるかもしれないが、実は不思議な話でも何でもない。

都心の人口は、いま急速に増え続けている。人口が増えるのは、新しく移り住んできた人が多いから。その当然の結果として、長く住み続けている人の割合は減る。

定住率の高さは、愛着をもってまちに住み続けている人が多いことを示している。定住する人が多くなれば、その分地域のパワーも大きくなるのは前章で指摘したとおりだ。

わが国全体が右肩上がりであったころ、こうした定住の利点がうまく作用し、まち全体の活力が維持されていた。

人びとがまちに定住しその評価が高まると、隣に新たな定住のまちができ、さらに新しい定住のまちを呼び込んでいく。初期にできたまちは、次第に成熟していく。できたばかりのまちは、若い成長性に富む。これらが「定住」というキーワードで結びついて、まち全体の大きな魅力の輪が広がっていく。

図表32　定住率と高齢化率（2015年）

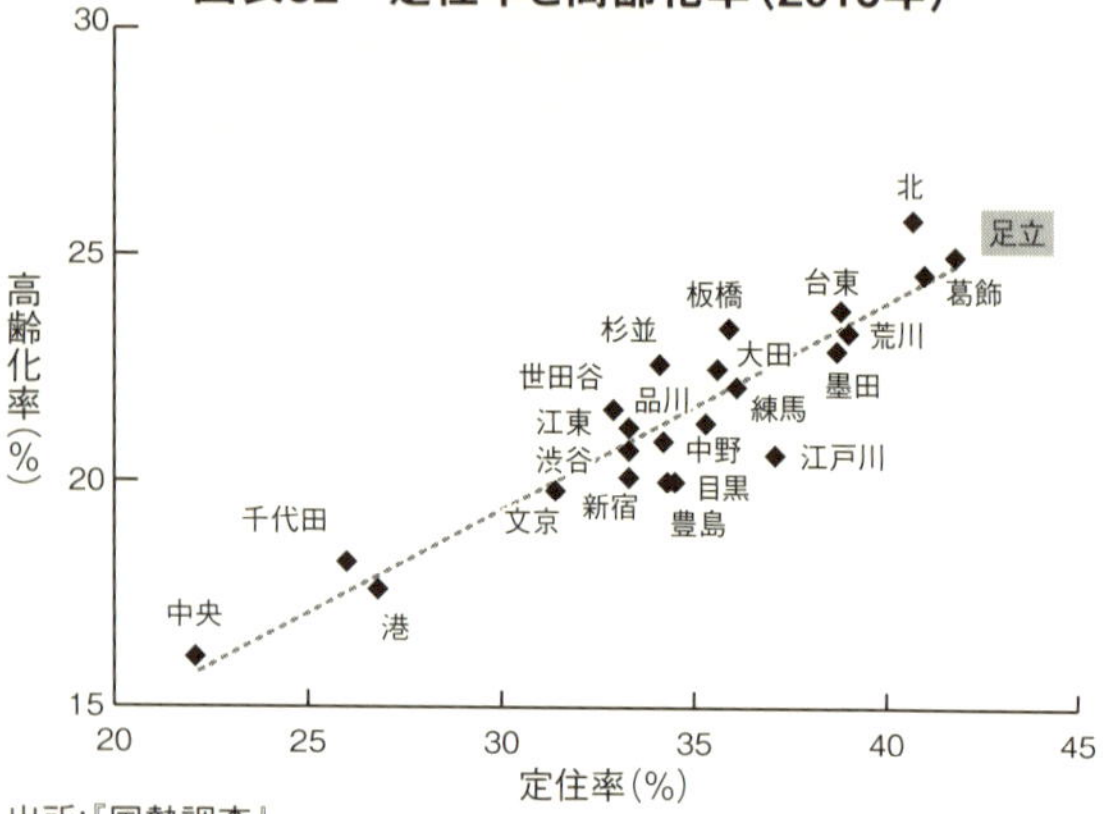

出所：『国勢調査』

しかし、人口減少時代に入った今日、定住のまちは老いたまちへと化していかざるを得ない運命に直面している。「団地問題」は、団地に住む人たちが住みよいからと定住し、その一方で若い人が入ってこなくなったことから起きた。実は団地問題は、「定住」が生み出したのだ。

団地問題は集合住宅団地だけでなく、一戸建て団地でも深刻化し始めている。それだけではない。まちは、駅ができたり、道路ができたり、施設ができたりと、何らかのきっかけをもって産声をあげる。

このため、まちはその開発時期に応じて、住んでいる人たちの年齢層が似通ってくることになる。だがそれは、ある日一気に高齢化が進む危険性を内に抱え込んでいることの裏返しだ。

このまま進めば、団地問題がやがてまち全体へと次々と飛び火していく恐れが否定できないことは、第1章でも指摘したとおりである。

図表6に記した高齢化率と図表31に記した定住率を1枚のシートに落とし込んでみると、両者がきわめて強く結びついていることがよくわかるだろう(図表32)。定住は、もはやまちの魅力を指し示す指標ではなくなった。定住が抱えもつ弊害と真剣に向き合わなければならない時代がやってきたのだ。

「新陳代謝」がキーワードを握る

繰り返しになるが、団地問題は人々が定住してまちから出ていかなくなり(つまり転出者が減り)、新たに入ってくる人がいなくなった(つまり転入者も減る)ことから生み出されてきた。このように、転入者・転出者がともに減り、定住の弊害が噴き出すことを、筆者は「まちの新陳代謝の低下」と呼んでいる。

図表33　転入率と転出率（2015年）

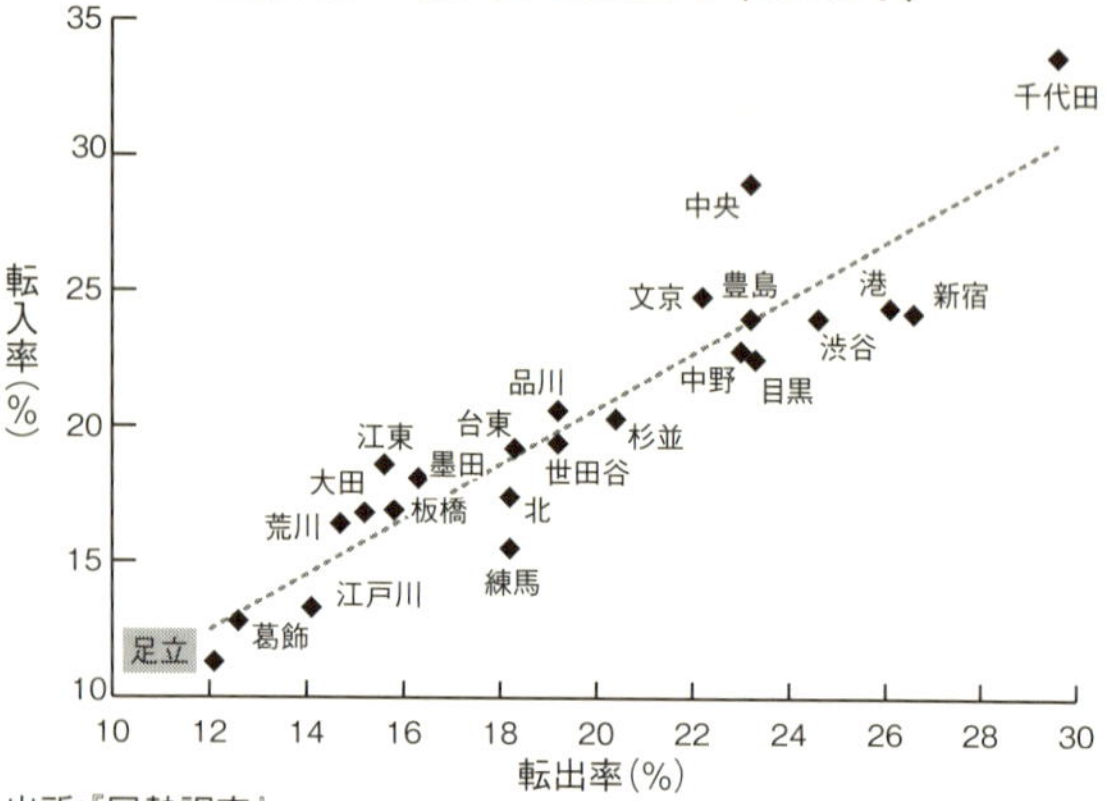

出所:『国勢調査』

まちは、基本的に以下の4つの段階を経て発展から衰退への道をたどっていく。第1段階は、転出入ともに多い新陳代謝が活発な状態。第2段階は、転出入ともに少ない新陳代謝が低下した状態。第3段階は転出が多く、転入が少ない状態。そして最後の第4段階は転出入とも限りなくゼロに近づく状態だ。

多くの地方都市は、現在第3段階にある。このまま住み続けていても未来はないと、若者を中心に人々がどんどんまちを離れていく一方で、新しく移り住んでくる人は少ない。中山間地と呼ばれる地方の僻地では、すでに第4段階を迎えている。まさに消滅の危機だ。

東京23区はいまのところ、第1段階か第2段階のどちらか。まちは面白いもので、転入者が増えてくると転出者も増えていく。

そのわかりやすい例が、最近人口が増えている台東区だ。2005年〜2010年の台東区は、転入率・転出率ともに16位。人口が増え出した2010年〜2015年はともに13位。人口が増えているのだから転入率が上昇したのは分かるが、これと歩を合わせるように転出率も高くなっている。まちが変わると、それについていけない人が出てくる。そうなると、まち全体の定住志向が下がり、転出する人が増えていく。

その結果、転入者が多いまちは転出者も多くなって、ますます新陳代謝が高まり、転出者が少ない定住のまちは転入者も少なく、ますます新陳代謝が低くなる。このメカニズムは、図表33をみれば一目瞭然だ。

足立区があえて選んだチャレンジの道

さて、足立区だ。先に、「東京23区は『いまのところ』、第1段階か第2段階のどちらか」と微妙な表現をした。第3段階に転落しかねないところがあるからだ。転入率・転出率ともに最低の足立区は、その最有力候補といわざるを得ない。

台東区はまちの新陳代謝を徐々に高め、第3段階転落候補からの脱出に成功した。ただし、それは都心に近いという地の利があったため。都心への交通の便が、世田谷区や杉並区と比べると優れているとはいっても、23区の一番外側にある足立区が第3段階への転落を防ぐには、自ら変化を巻き起こしていくしかない。

読者の中には、せっかく新たな変化を起こすのなら、「定住のまち」として転出者が少ないという利点を残しつつ、転入者だけを増やしていけばいいと思われる方も多いのではないだろうか。だが、そんな「いいところ取り」は許されない。

かつて江東区は転入率が高く（2010～15年では6位）、転入出が低かった（同22位）。このとき何が起きていたかというと、転入者が増えているのは豊洲のウォーターフロントエリアだけで、内陸部は転入・転出ともに低い足立区と同様の第3段階転落一歩手前の状態にあった。その結果、発展するまちと低迷するまちが隣り合って存在するという深刻な内部格差が生じていた。

足立区が低迷から発展へと舵を切り返していくためには、取りあえず「定住のまち」として安定している現状のバランスが崩れかねない危険性と背中合わせにあることを覚悟しなければならない。下手をすると、足立の最大の強みともいえる地域の絆を損なってしまうリスクもある。ことを運ぶには、よほどの戦略性が求められる。

だが、足立はこの困難な道をあえて選択し、自らを変えようとする取り組みにチャレンジし始めたようだ。

2　あなたが知らない足立の姿

すべては「きれいな窓づくり」から始まった

自ら率先して自らを変えていく。そんな足立での取り組みの始まりとなったのは、2008年にスタートする「ビューティフル・ウィンドウズ運動」の展開だった。単に最初というだけでなく、ここで培われた精神は、その後のあらゆる取り組みの基本となっていく。

ビューティフル・ウィンドウズとは、割れた窓ガラスを放置しているとまち全体が荒れていき、犯罪も多くなるという「割れ窓理論」に基づいている。つまり、小さな犯罪を小さな芽のうちに摘み取ることで、まちの治安の総体的な底上げを図っていこうとする考えである。

ここで足立区が目をつけたのが「自転車」だった。

犯罪と聞くと殺人・強盗などの凶悪犯罪や暴行・傷害、詐欺、空き巣などが思い浮かぶが、実は一番多いのは自転車泥棒やバイク泥棒などの「乗物盗」（放置されていた自転車を乗り逃げする「自転車占脱〈占有離脱物横領〉」を含む）だ。２００８年には、これが23区全体で発生した犯罪の３分の１以上を占めていた。足立区はもっと多くて約４割。そこで足立区は、犯罪撲滅に向けた取り組みの的を、自転車に絞り込むことにする。

自転車が盗難にあう最大の理由は無施錠。面倒くさいはもちろんのこと、すぐに帰ってくるからと油断することが被害を引き起こす。そのため、自転車の無施錠の解消こそがビューティフル・ウィンドウズづくりの第一歩と、区は「ワンチャリ・がっちり・ワ

花いっぱい運動。まちを花で飾ることは、犯罪を少なくする「きれいな窓づくり」の第一歩。

ンロック作戦」「ワンチャリ・ツーロック作戦」など様々なキャンペーンを繰り返していく。

究極は、駐輪場に置かれたカギをかけていない自転車に、勝手にカギをかけてしまう「愛錠ロック大作戦」。お節介きわまりないが、根がお節介な足立では、こうした取り組みが区民の中に浸透していった。

中心となるのは区と区内の４つの警察署およびその関連団体。２００９年には警視庁との覚書が交わされ、さらに２０１５年には区内４署との協定へと発展していく。

しかし、ビューティフル・ウィンドウズ運動の最大のポイントは、広く区民を巻き

図表34　足立区の治安に対する評価

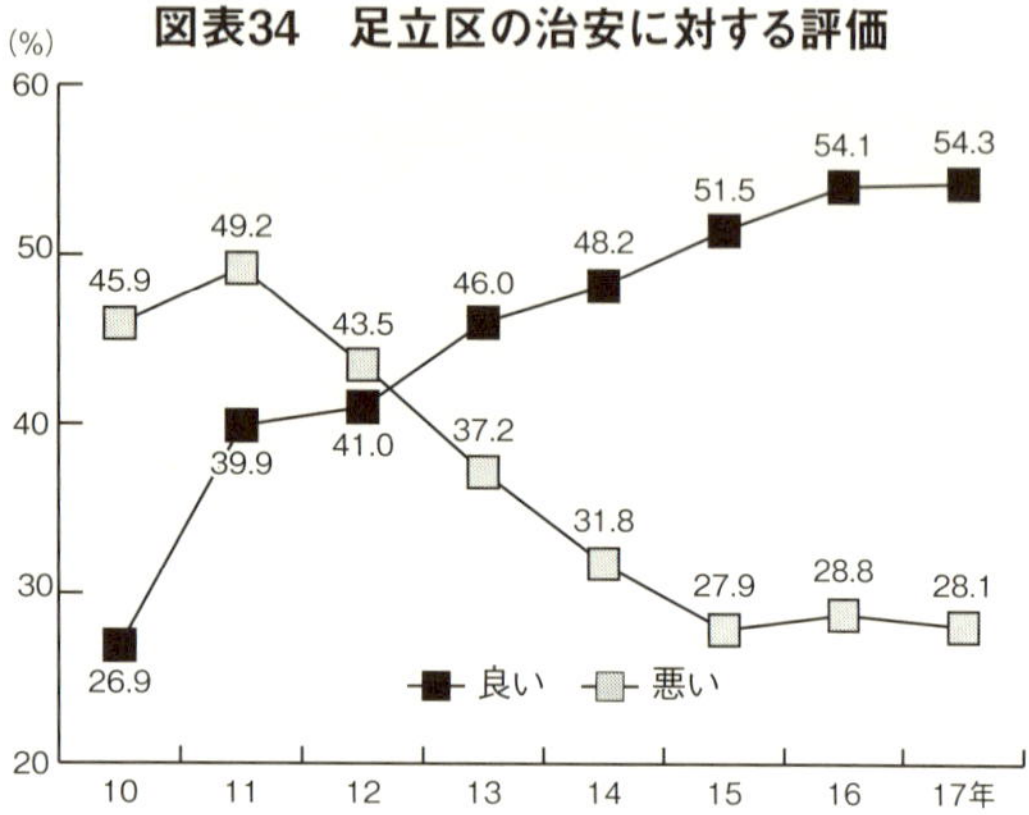

出所:『足立区政に関する世論調査』(足立区)

込んだことにある。

その意味からも、自転車は分かりやすい戦略ターゲットとなった。まちの掃除や、花いっぱい運動、喫煙マナーの向上など、「きれいな窓づくり」の一層の広がりを目指す取り組みが、「連携」を合言葉に今も繰り広げられている。

図表23でもみたように、足立区の犯罪発生数が23区の平均を超える勢いで減少していったことは、この取り組みの大きな成果となった。

しかし、それ以上に大きな成果は、区民の心の変化だ。区民の治安の評価は、運動が始まったばかりの2010年には「悪い」が「良い」を大きく上回っていたが、2013年には逆転し、いまでは「良い」が「悪い」を2倍近く上回っている（図表34）。

そしてもうひとつ。「やればできる」の気持ちを多くの区民が共有できたこと。この自信の広がりに支えられ、足立を変える取り組みは新たな段階へと踏み出すことになる。

お節介パワーをもっと高めろ！

その第1弾が、お節介パワーのフル稼働による「孤立ゼロ」への挑戦。

高齢者の孤独死はもとより、犯罪も自殺も虐待も子どもの貧困もひきこもりも、そのすべての背景には社会的孤立がある。地域の絆を糸口にこの状況を打ち破ろうと、足立区が「孤立ゼロプロジェクト推進に関する条例」を制定したのは2012年のこと。まちの中には孤立のタネがたくさんあるが、それらの中から最初の「ゼロ」を目指したのは、介護保険サービスを利用していない70歳以上のひとり暮らしと75歳以上だけの高齢者世帯だった。

「日常の生活において、世帯以外の人と10分程度の会話をする頻度が週に1回未満、もしくは日常の困りごとの相談相手がいない」。「孤立状態」の定義をこう定めた足立区は、町会・自治会が中心になってお年寄りの自宅を訪問し、世間話をする頻度や困りごとの相談相手の有無の調査を始める。そしてその結果、孤立の恐れがあるとなると、より細かな支援の実施へとつなげていくこととした。

２０１８年5月末現在で、区内約４４０の町会・自治会のすべてが1回目の調査を終え、継続して2回目以降の調査を行っているところも半数を超える。日常的な挨拶や声掛け、訪問、さらには居場所づくりを目指す「わがまちの孤立ゼロプロジェクト」に取り組む団体も50を超えた。

孤立ゼロをまちに根づかせるために、足立区が目標としているのは、「絆のあんしんネットワーク」と名づけた社会の仕組みの再編にある。皆が少しずつ力を出し合って、無理のない範囲で支え合いを生み出していく「お互いさまのまち」。気づきと寄り添いがその柱となる。

気づきを担うのがまちに住むひとりひとりの人たちなら、寄り添いを担うのが「絆のあんしん協力員」と呼ばれるボランティア。その数は１０００人を超える。商店街、銭湯、郵便局、新聞配達店など「絆のあんしん協力機関」も拡大中だ。

洗たく物が出しっぱなし。昼も電気がついたまま。庭の手入れができていない。郵便物がたまっている。そんな小さなシグナルを、お節介のまちは見逃さない。

野菜を食べて健康寿命を延ばせ！

続く第2弾は、健康寿命の向上に的が絞られる。

住民の健康づくりは、どの自治体にとっても重点課題だ。その内容も、年齢や生活の実態に応じたきめ細かな健康管理意識の啓発から始まり、生活習慣病の予防、がんをはじめとした重大な疾患の早期発見・早期治療、感染症の予防、心の病対策等々と多岐にわたる。足立区も、かつては総合的、裏を返すと総花的健康対策を行っていた。

しかし、目に見えた成果がなかなか上がりにくいのも、健康対策の課題である。そんな中で足立区は、２０１２年に健康対策の重点を糖尿病対策に絞り込むという、大きな方向転換に乗り出す。批判を覚悟の上でのチャレンジだった。

区がこうした思い切った決断をした背景には、糖尿病の医療費が他区と比べて高いと

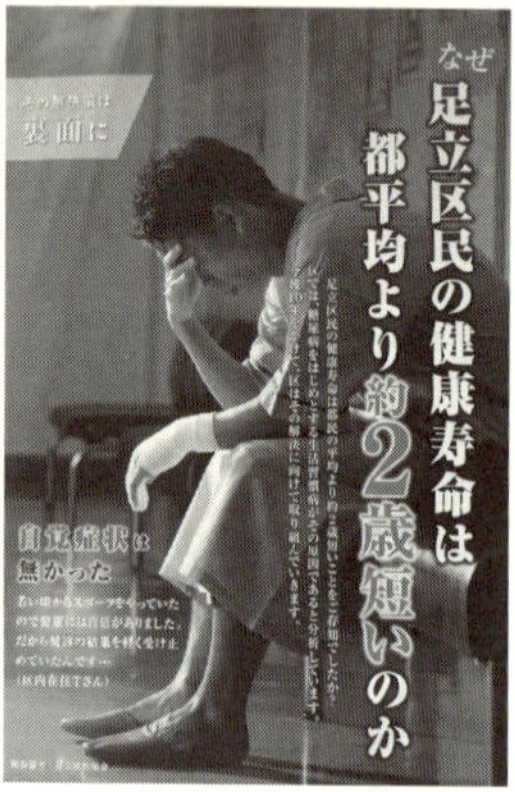

健康寿命喚起のポスター。行政発としては衝撃的なパンチ力。これも足立ならではの取り組みのひとつ。

いう実態があった。

東京都の調査によると、2015年5月時点での40歳〜74歳の国民健康保険被保険者1人あたりの糖尿病医療費は、23区の平均が942円であるのに対し、足立区は23区最高の1144円。2016年には1091円に下がり、23区最悪から脱出できたようだが、23区平均（911円）と比べると依然として高い水準にあることに変わりはない。お医者さんにかかった病気の中に占める糖尿病の割合は、いまも足立区が23区で一番高い。

糖尿病は症状が進むと様々な合併症を引き起こす。なかでも糖尿病性腎症が進むと

図表35　区民の推定野菜摂取量（2016年）

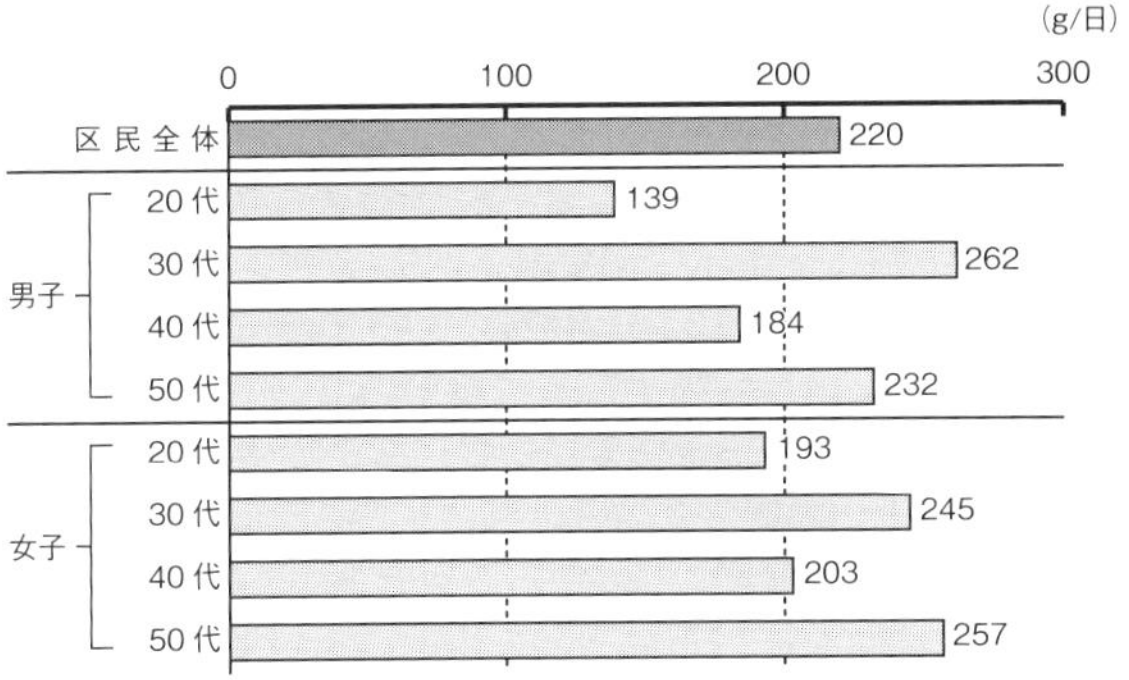

出所:『足立区糖尿病対策アクションプラン』（足立区、2018年3月）

人工透析が必要となる。重症化に従って人工透析の頻度も増していく。費用はかかるし、つき添う家族の負担も大きくなる。その一方で、糖尿病は食生活の改善がその予防や症状の悪化抑制に大きな効果をもたらす病気でもある。

ここに注目した足立区が打ち出したのが、「野菜を食べよう、野菜から食べよう」という「あだちベジタベライフプロジェクト」。

足立区の資料（『足立区糖尿病対策アクションプラン　２０１８年３月改訂版』）によると、２００６年～２０１０年の平均値で、全国トップクラスの平均寿命を誇る長野県の野菜摂取量は１日あたり男性が３７

9g、女性が353gでともに全国最多。国が勧める1日あたり350gを超えている。若い独身者が多い東京都の平均値は、290〜300g。これに比べて足立区民の野菜摂取量は、220〜230gときわめて少ない。それは性・年齢を問わず、足立区に共通した課題となっている（図表35）。

ベジタベライフプロジェクトは、どうしても外食が多くなりがちな今日の食習慣を考慮して、飲食店にも協力を呼び掛けている。

その結果、「あだちベジタベライフ協力店」に登録している店舗の数は、区内の飲食店（総菜等の販売店を含む）のうち、およそ1割にあたる600店を超えている。牛丼チェーンの店に行っても、ファミリーレストランに入っても、足立では野菜たっぷりメニューが味わえる。

2010年時点で東京都の平均と比べおよそ2歳の差があった足立の健康寿命は、2015年には約1・5歳にまで縮まった。「あだちベジタベライフ」の効果は、着実に現れ出しているといって良さそうだ。

子育て環境を磨き直せ！

子育て支援でも足立独自の取り組みが目を引く。

ネット探索をしていると、子育て支援に対する世間の興味は、「どこに住めばいくらお得」という、経済的な支援に集まっているようだ。貰えないよりは貰えるに越したことはないが、ちょっと違うんじゃないかという気もしてくる。

「給食のおいしさ日本一」を誇り、給食レシピ本が人気を呼ぶ足立区の子育て環境向上策は、そんな流れと比べると少し異色の存在である。

以下、2つのテーマに絞り込んで、足立ならではの子育て支援の取り組みをみていくことにしよう。

ひとつは学力の向上。足立では、全小学校に「そだち指導員」を配置し、3・4年生を対象に、授業についていけない子どもにマン・トゥ・マンを基本とした個別の学習補助指導を行っている。

区が塾や家庭教師の代わりをしているようで、正直いうといささか違和感を覚えなくもないが、学力調査の結果が大きく向上したと聞くと、成果が着実に現れているのは確かである。授業についていけなくなると学習への意欲が低下するという悪循環は確実に起きるし、いじめの原因にもなりかねない。

中学生にも同様に、「生活指導員」の制度がある。こちらは不登校児の支援が主目的とされているが、やはり学力向上の効果もあるようだ。

子どもたちの目を輝かせろ！

もうひとつはひとり親家庭への支援がきわめて充実していること。

仕事に家事に子育てにと、日々の生活に追われているひとり親家庭では、行政によるサポートメニューが用意されていても、時間にゆとりがないままに情報の網の目から漏れてしまい、せっかくの制度が活かされないで終わってしまう恐れが高い。そこで足立区は、ひとり親家庭の視点に立って情報を総ざらいし、それらを子育てのステップや困りごとの内容ごとに整理した「ひとり親家庭の応援ブック」を作成・配布することとした。２０１６年度から始まった「ひとり親家庭総合支援事業」の一環として作成されたこのガイドブックは、ひとり親家庭に何を相談したらいいかわかってもらうことが編集の基本方針とのことだ。

同じ2016年4月からは、区役所内に2名の「ひとり親家庭支援員」を配置した。ともに経験豊富な保育士さん。話すことでスッキリするなら「グチでもOK」を基本方針とする。

ママ友が作りにくいひとり親家庭同士のつながりのきっかけを作る場として、同年7月からスタートしたのが「サロン豆の木」。なかにはひとり親家庭であることを隠している人もいるだろうと、情報の発信も「個対個」をベースとした草の根型を旨とする。梅島駅のすぐそばの地域学習センターなどで、月3回のペースで開催されているこのサロンに、毎回参加している人もいるという。

足立区の母子家庭（国勢調査の定義では、20歳未満の子どもと母親からなる世帯を指す）の割合は、23区の中では江戸川区に次いで高い。しかし、母子・父子合わせたひとり親家庭の全世帯に占める割合は1・3％。全国平均の1・6％を下回っており、足立区にひとり親家庭が突出して多いとはいえない。

ではなぜひとり親家庭に手厚い支援を行うのかというと、弱い部分に的を絞って集中的な支援を行うことにより、全体の底上げを図ることが大切だという考えに立っているからだ。皆で平等に分け合えば、喜びの効果はそれだけ薄まってしまう。一方、弱い立場にある子どもの目が輝き出せば、つられて周りの子どもたち皆の目も輝いてくる。「貧困の連鎖」の本質に、正面から向き合おうとする足立区の姿勢が、ここによく表れている。

まちのブランドを再構築せよ！

個々のプロジェクトが大きな成果を上げることができても、それらがバラバラに展開されていたのでは効果は半減してしまう。そうでなくても足立には、「怖い」「危ない」「貧しい」というレッテルが貼りついている。これをはがしていくのは容易なことではなく、プロジェクトの足し算ではおのずと限界がある。

では、どうすればいいのか。弱みも強みも十分に認識したうえで、まちの魅力を内に向けても外に向けても、相手の心の中にまで届けていくこと。迂遠なようでも道はそれしかない。

従来型の上意下達の自治体広報の手法では、この難題に対応するのは不可能に近い。そう考えた足立区は、２０１０年4月、23区で初の「シティプロモーション課」を誕生させる。

シティプロモーションという言葉は、最近かなり市民権を得てきたようだが、それが何を意味するのかは、まだはっきりした答えがあるわけではない。まちの求心力の向上（まちへの自信を高めていくこと）と、まちの遠心力の向上（まちの魅力を発信し、外に向かってわがまちへの関心や関わりを高めていくこと）を同時に達成する「こと起こし」が正解ではないかと筆者は考えているが、まちを売り込むことだと、ごく狭い意味で捉えられているケースもまだ多い。当時としてはなおさらだったろう。

加えて、足立には人気の観光スポットがあるわけでもなく、これといった特産品もない。すべてが手探りで始まったことは、容易に想像がつく。

だが、これまでの役所の仕事の仕方を打ち破る必要があること。お役人があまり得意としない感性が重視されること。少なくともこの2点は確かだった。そこで、広告代理店の出身者やフリーライターという役所とすれば異色の人材をスカウトし、ともかくシティプロモーション課はスタートする。当初は役所の中で、鬼っ子のような存在だったという。

最初の仕事は戦略方針の作成。魅力の磨き直しを通じて、いまある不満をなくしていく「磨くプロモーション」。新しい魅力を意図的に創出していく「創るプロモーション」。足立を取りまくすべてのことを効果的に発信していく「戦略的報道・広報」。この3本柱に基づいて、区民のまちに対する誇りを高めていこう。それがいまも変わらぬ「足立流」シティプロモーションの根幹となる。

「ビューティフル・ウィンドウズ運動」や「あだちベジタベライフ」が、区民の中に浸透していったのは「磨くプロモーション」の成果だ。千住を舞台にこれまで足立にはなかった形のイベントを開催したり、大学との連携を戦略的に推し進めていったのは「創るプロモーション」の成果である。『足立本』『足立食本』などのお役所らしからぬ書籍の発行や、NHKBSプレミアムで放映された足立発のTVドラマ『千住クレージーボーイズ』の企画化は「戦略的報道・広報」から生み出されていった。

しかし、こうした成果より以上に、おそらく一番変わったのは、区役所の職員の意識だったかもしれない。

次なる課題はより多くの人々をまちとつなげていく「つなぐプロモーション」。区内で事業を営む大手企業等とのつながりも広がり始めている。「足立流」シティプロモーションは、まだまだ進化の途上にある。

3 足立の未来が見え始めた

東京一の「低学歴区」に注がれる大学の熱い視線

2013年に葛飾区金町の工場跡地に東京理科大学が開校した。葛飾区では、古くから新小岩駅の近くにあった聖徳栄養短大を母体として、東京聖栄大学が2005年に開校しており、これで大学が2校になった。江戸川区には、これも古くから小岩に愛国学園短大（旧愛国学園女子短大）があるが、いまも大学はない。つまり昭和の時代、葛飾・江戸川両区には、各区1校ずつの短大はあったものの大学はなかった。

昭和の足立には、大学どころか短大もなかった。足立区に初めて大学ができるのは平成の世になって4年後の1992年のこと。綾瀬に放送大学の東京足立学習センターが開設される。同センターは2000年に千住に移設するが、放送大学という特性から、区の総合学習施設のワンフロアに入居しており、キャンパスはもっていない。足立区の悲願だった本格的な大学の誘致が実現するまでには、もうしばらく時間がかかる。

2005年、区は統廃合で廃校となった千住地区内の小中学校跡地に大学を誘致する構想を打ち出す。翌2006年、旧区役所庁舎跡地にオープンした「東京芸術センター」に隣接する旧千住寿小学校の跡に、東京藝術大学の音楽専攻の学部が開校した。続く2007年には、東武スカイツリーラインの堀切駅のそばにあった旧足立第二中学校の跡地に東京未来大学が開校。足立第二中学校は、TVドラマシリーズ『3年B組金八先生』の舞台となった「桜中学」のロケ地となったところ。そう説明すれば、40代以上の方ならおよそのロケーションが浮かんでくるだろう。

2010年になると、隅田川沿いの旧元宿小学校と児童館・老人館の跡地に帝京科学大学が開校する。かつて千住名物として親しまれた「お化け煙突」が立っていた旧東京電力千住火力発電所のお隣だ。インターネットで古い写真を見るとまさに下町の中の下

東京未来大学。旧足立二中の校舎を活用して開校。いまも当時の面影が残り、ふと金八先生が現れてきそうだ。

町。そこに大学ができるとは、当時誰も想像できなかっただろう。

さらに2012年には、北千住駅東口駅前のJT住宅跡地での東京電機大学の開校と続く。東京未来大学以降の3校は足立に本部を置き、帝京科学大学と東京電機大学では、開校後もキャンパス内施設の増設や教育・研究内容の拡充が続いている。

足立区が目指したのは、単に大学ができ、学生が集まり、まちが賑やかになったりまちのイメージが変わることだけではなかった。大学が子どもたちの未来への目を開く場になること。地域の産業との間で、ニーズ（大学に求めること）とシーズ（大学が

東京電機大学。かつて商店街と銭湯が目立った北千住駅東口は、いまやすっかり学生街に姿を変えた。

提供できること）が結びつくこと。学生がまちに住む人々や商店街との触れ合いを通じて、学校では学べない教育の場を提供すること。つまり、大学とまちが共存共栄を図っていくこと。ここに共感が芽生えたからこそ、大学が足立というまちに熱い目線を注ぐようになったのだ。

講座、イベント、産業連携等々、足立では大学とまちとの連携が日常的に繰り広げられている。学長会議、大学実務者会議などを通じた相互コミュニケーションも深い。その実績の積み重ねが、ついに千住という枠を超える広がりをみせる。

竹ノ塚駅から北東方向に、直線距離で約

江北4丁目アパート。旧上沼田団地の住棟部分が建て替えられ、東京女子医大病院移転の受け皿を生み出した。

2㎞の花畑5丁目に、2021年4月、文教大学の「東京あだちキャンパス」が開校することが決定。国際学部、経営学部のあわせておよそ1640人の学生が、足立で学ぶことになる予定だという。

教育の場ではないが、日暮里・舎人ライナーの江北駅近くには、東京女子医大東医療センターの荒川区からの移転も決まった。2021年の開設が予定されており、450床の地域の中核医療施設ができるとともに、看護専門学校等も併設される。近年大学病院は、病気の治療だけでなく、病気の予防、健康増進、介護支援や子育て支援拡充への関与など、地域医療連携に積極的だ。

健康をキーワードにした、まちと大学との新たな連携が期待される。

「まずは千住から」という戦略的な視点に立った選択と集中があったのかもしれないが、やはり千住は足立の中では異色なまちだ。千住を超えた広がりがあってこそ、足立が変わったと掛け値なしで評価できる。その意味で、文教大学の開校も、東京女子医大病院の移転も、足立の変化が第2段階に入ったことを告げている。

よみがえり始めた「団地のまち」

実はこの両者は、どちらも団地の建て替えを契機とした、新たなまちづくりの一環として生まれてきたものである。文教大学はＵＲ都市機構の花畑団地、女子医大病院は都営上沼田団地だ。

東京ドーム約4・7個分にあたるおよそ22haの敷地に、２７００戸を超える住棟が並んでいた花畑団地は、ちょうど前回の東京オリンピックが開催された１９６４年に誕生した、ＵＲ都市機構（当時は日本住宅公団）の賃貸住宅団地だ。施設の老朽化が進んでいたこの花畑団地が、ＵＲの「団地再生プロジェクト」によってよみがえっていく中で生み出された、約4・9haの土地が文教大学のキャンパスとなる。

花畑団地の再生は、住棟の再整備や大学の進出だけでなく、古びた団地のまちを一気に変える効果を生んだ。複数の広場を緑の回廊がつなぎ、リハビリ病院、リハビリホール、こどもランドなどの子育て・高齢者支援施設や商業拠点も新たに設けられていく。商業拠点には、食品スーパー、衣料品スーパー、100円ショップ、書店、飲食店等が集結したショッピングモールが2014年にオープン。団地周辺のまちの更新に向けた波及効果の広がりも期待されている。

東京女子医大病院が移転してくる江北地区は、足立区の中でも特に団地が多いところだが、なかでも1960年代初めに建設された上沼田団地は規模も大きく、老朽化も進んでいた。

古い団地はエレベーターのない5階建て以下が基本。これを高層に建て替えることによって、新たな用地が創り出される。女子医大病院ができる約2・7haの土地も、こうした新創出用地だ。

周囲には、統合による小中学校の跡地や江北給水所の上部空間など、利活用可能なタ

花畑団地ショッピングモール。新たに出現した商業集積は、団地再生効果を地域に波及させる懸け橋役を担う。

ネ地が多い。

このため区では、女子医大病院の移転と併せて、江北駅西側一帯をまちの魅力と活力を高める新たな拠点に変えていく計画に取り組み始めている。23区の中で高齢化率ワースト3位の江北駅周辺が、一新される日も近い。

これらの動きは、団地のまちとしての課題に悩み続けてきた足立区が、団地のまちであるがゆえに切り拓くことができる未来を象徴する出来事だということができる。どうやら足立はまちづくりの分野においても、第2段階を迎え始めたようだ。

インバウンドとチャンバラ

足立の変化が本当に第2段階に入ったと評価するためには、クリアしなければならないポイントがまだ2つ残っている。ひとつは、区が引っ張る動きではなく、区民が勝手に取り組む動きが始まり出しているのか。もうひとつは、区外から足立に参加しようとする動きが起きているのかだ。

疑問の答えは西新井駅前の小さなホテルで見つかった。築およそ30年の古いビジネスホテルをドミトリー（相部屋）タイプのホステルに変えてオープンしたのが2015年。収容キャパは4人部屋中心で約40室。相部屋だから料金は安い。ターゲットに据えたのは、もちろんインバウンドの外国人観光客だった。

若い社長と若いスタッフが、同世代の若い外国人客に、何か日本での思い出を残したいと誰でも自由参加の食事会を始めたところ、そこに地元の人たちが集まり出したという。いまでは、地元のすし屋を舞台としたすし握り体験をはじめ、銭湯体験や食べ歩き体験など、インバウンド客と地元の人たちが交流するイベントメニューが自己増殖的に広がり出している。

瀬戸内海の「ウサギ島」（広島県竹原市の大久野島）ではないが、インバウンド観光客がＳＮＳ（インターネット上での交流サイト）を通じて「発見」した魅力を、私たち日本人が改めて気づかされる例はいまや数多い。足立でも、そんな動きが起こり始めている。

もうひとつの例は、荒川河川敷を舞台としたチャンバラ合戦。足立区シティプロモーション課によると、２０１５年のある日、全国各地でチャンバラ合戦のイベントを展開しているＮＰＯ法人から、足立でもイベントを開きたいという突然の連絡があったことがきっかけとなったとのこと。

同年10月、「あだち区民まつり」の一環として千住の荒川河川敷を舞台に繰り広げられた「チャンバラ合戦－千住の戦い」は大好評となり、以後「あだち区民まつり」の定番メニューとして定着する。

さらに２０１７年11月には、綾瀬の東京武道館で、火の忍者、水の忍者、風の忍者、土の忍者の４つのグループに分かれて競い合う「チャンバラ合戦～忍者大戦－足立の陣」が繰り広げられた。

ノリがいいのは下町の下町たる所以。しかしそれ以上に評価できるのは、足立はなんだかおもしろそうだと、区内区外の人たちが足立をみる目を少しずつ変え始めたことである。

主役が変わったとき、「足立の誇り」は本物になる

足立区にシティプロモーション課が発足した2010年、図表34にも示したとおり、区民の多くは「足立は治安が悪い」と考えていた。

定住のまちであることを反映し、当時から「足立に愛着を感じる」という人は多数を占めていたが、「足立を人に勧めたいか」「足立を誇りに思うか」となると、否定的な評価が肯定的な評価を上回っていた（図表36～38参照）。

自分たちが住むまちに愛着を感じながら、治安の悪さをはじめとする実態を考えると、人に勧めることができず、誇りも感じられない。多くの区民が、足立に対する好意と嫌悪を同時に感じざるを得なかったのは、きわめて不幸な状況にあったといわざるを得ない。

しかし、区民が治安に対する評価を変えていくのと歩を合わせるように、まちに対する自信は急速に高まっていく。潮目となったのは、治安の評価が逆転する2013年。この年を境に、「足立を人に勧めたい」「足立を誇りに思う」という意向もはっきりと逆転し、以後プラスの評価がマイナスの評価を大きく上回るようになる。

気になるのは、治安に対する評価が頭打ちになった2017年に、まちに対する自信の評価も頭打ちを見せていることだ。この2017年という年は、減り続けていた犯罪発生件数が再増加を示した年と一致している。

統計学的にいうと、アンケート調査には誤差がつきものだし、犯罪が増えたことに対する区からの強い注意喚起のメッセージが、区民に「やっぱり足立は自信がもてないまちだ」という気持ちを再び植えつけたという面も否定できない。2018年になって、犯罪発生件数が減っているという事実をみると、あまりに悲観的な見方をするのは考えすぎかとも思われる。

ただ間違いなくいえることとは、足立を巡る変化が第2段階に達しようとしているいま、変化をリードしてきた区の考えも、切り替えを迫られているということだ。

図表36 足立に対する愛着

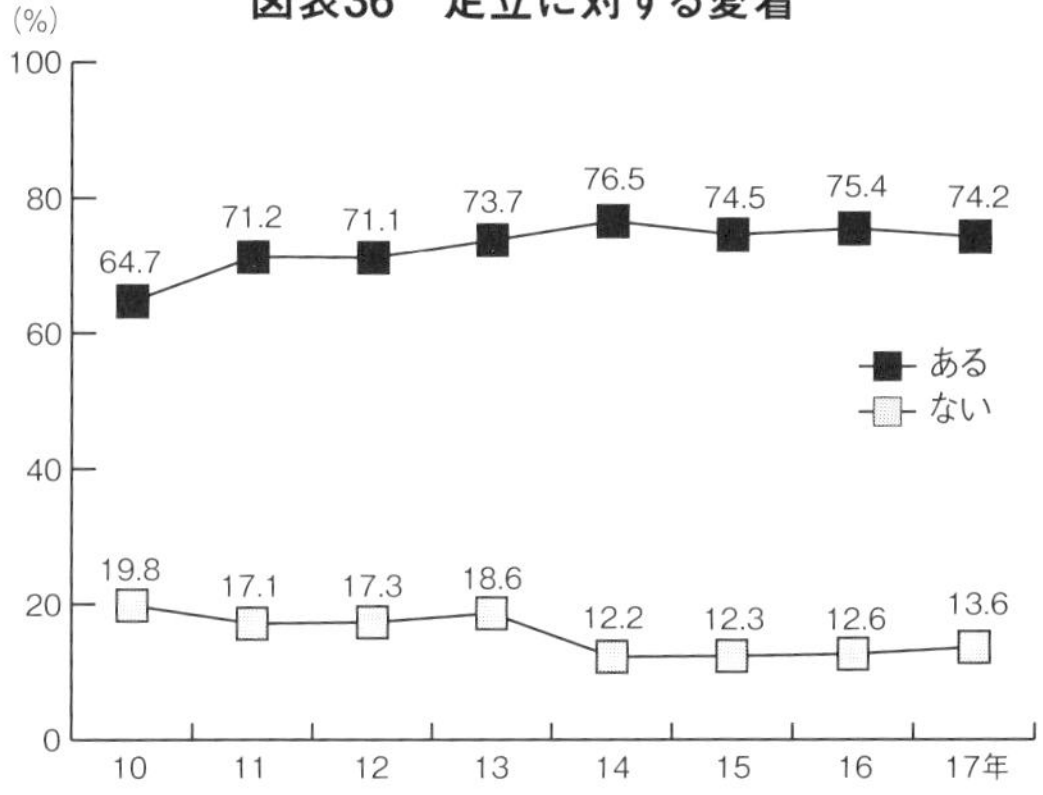

出所:『足立区政に関する世論調査』(足立区)

図表37 足立を人に勧めたいか

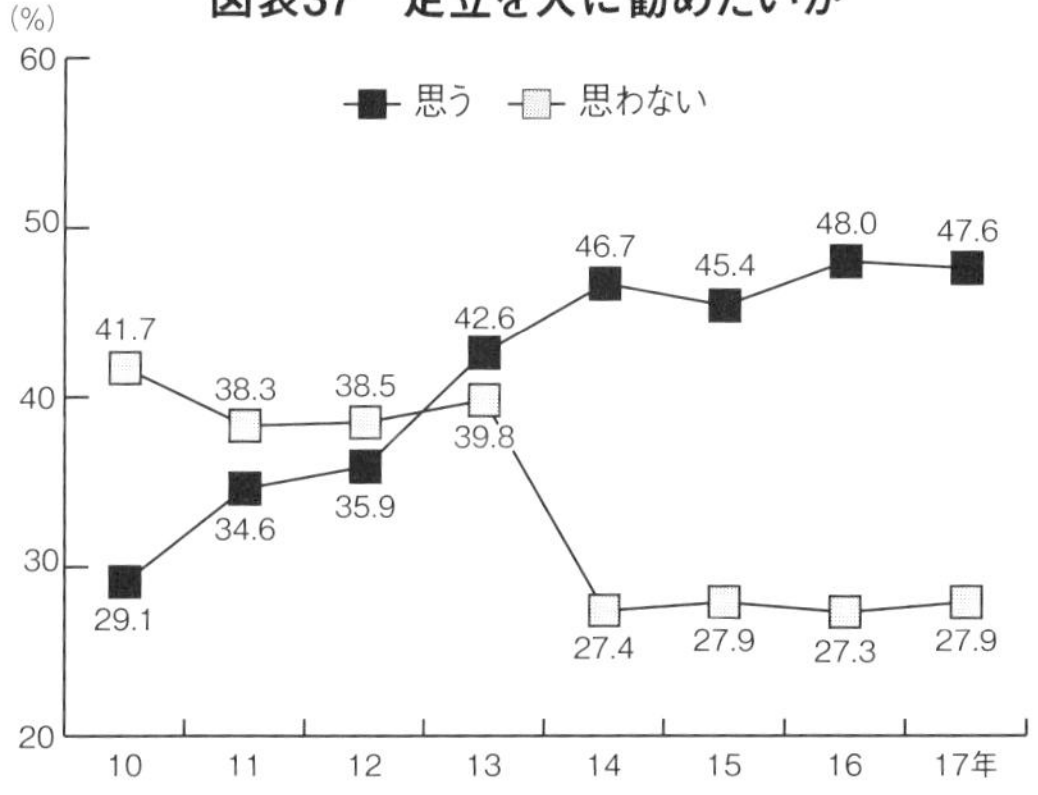

出所:『足立区政に関する世論調査』(足立区)

図表38　足立に対する誇り

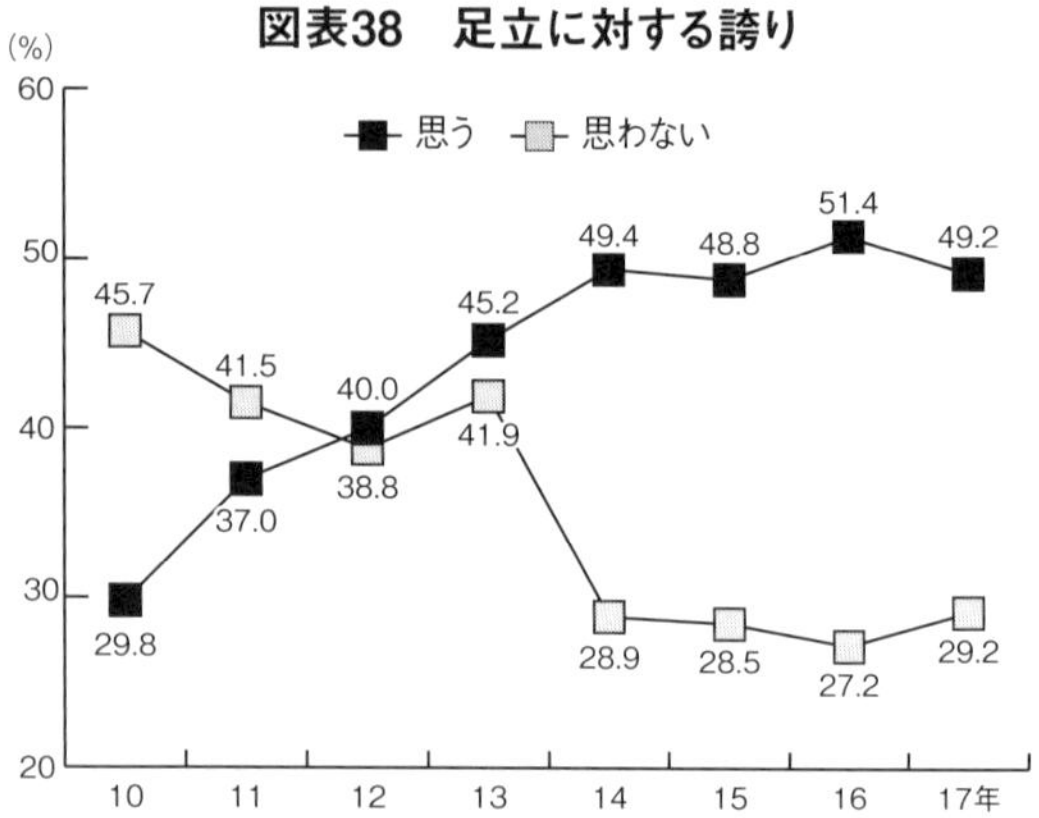

出所:『足立区政に関する世論調査』(足立区)

もちろん区も、それは十分に理解している。２０１６年10月に策定された新しい基本構想で、区は未来の足立の魅力づくりに向けた基本理念を「協創力でつくる 活力にあふれ 進化し続ける ひと・まち足立」と定めた。２００４年策定の前基本構想の基本理念は、「協働で築く力強い足立区の実現」。足立はいま、「『協働』のまちから『協創』のまちへ」の転換を目指そうとしている。

英語のコラボレーション（ｃｏｌｌａｂｏｒａｔｉｏｎ）にあたる「協働」とは、ひとつの目標に向けてそれぞれが自分のできることを組み合わせていくことを指す。

これに対して、「協創」という言葉はあまり耳慣れない。足立区の基本構想によると、「互いの個性や価値観を認めあい、ゆるやかにつながり支えあえば、より一層力を発揮することができる」仕組みのことだという。

まだちょっと難しいが、要するに「協創」とは、未来の足立づくりを担う主役のあり方を変えていくということではないだろうか。これまでは区が強いリーダーシップを発揮して、変化を牽引してきた。しかし、行政の想いだけでは解決できないこともある。巻き込み、巻き込まれるという関係には自ずと限界が訪れる。取り組みがやがてマンネリ化していくことも否めない。

変化が第2段階へと入ったいま、もはや行政が〝ひとり〟で主役を務めるときではなくなった。

区民も、区内の事業所も、町会や自治会も、さらには足立に関心を寄せる区外の人たちや団体も、そしてもちろん行政も、ときと場合に応じて主役となり脇役となり合う。そのとき、はじめて未来を手にすることができる。

変化の動きを広げていくためには、玉突きのようにひとつの動きが次々と新たな動きを生み出していくことが必要だ。これができたとき、はじめて「足立の誇り」は本物になる。

「足立劇場」の第2幕が開いた。思うに、足立はそこまでたどり着いたのだ。

終章　足立に住むという選択肢

コスパは一流というけれど

金八先生は、世田谷区から足立に転任してきたらしい。TVドラマならいざしらず、現実の世界では世田谷から足立に引っ越してくる人はほとんどいない。事実『国勢調査』をみると、２０１０年~２０１５年の５年間に足立区に転入してきた人は約５万４０００人を数えるが、そのうち世田谷から来た人は１０００人にも満たない。

千葉や埼玉から東京に通勤している人たちは、都心は無理でも23区内に住むことで、「中心部居住」というトレンディなライフスタイルを手にすることができる。彼らも、葛西や新小岩と聞くと心が動くかもしれない。

しかし、千住以外の足立は「パス」という人が多いのではないだろうか。それほどに足立のマイナスイメージは強い。

需要と供給のメカニズムを考えると、マイナスイメージとは裏表の関係になるのかもしれないが、足立は家賃が安い。図表39は、２０１３年の『住宅・土地統計調査』に基づく、家族数が３~４人のマンション（共同住宅）の平均家賃水準を記している。足立

図表39　平均家賃水準（家族数3～4人の共同住宅居住者、2013年）

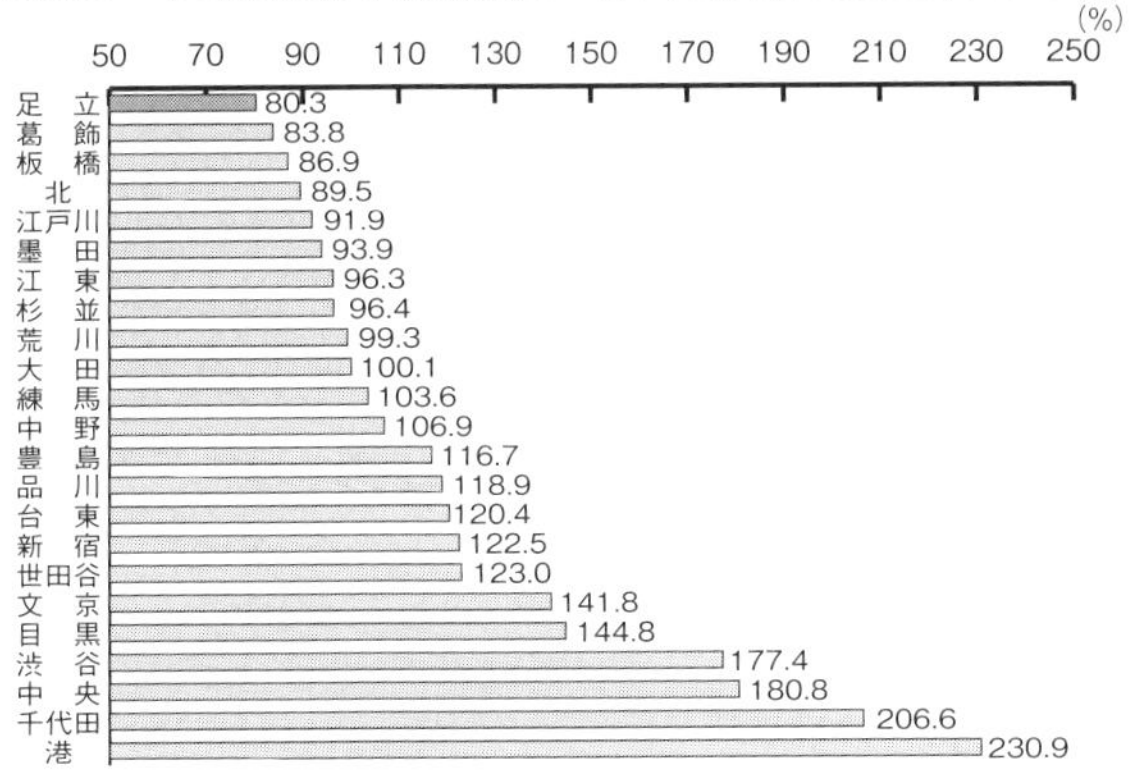

出所:『住宅・土地統計調査』

区は23区で一番低く、港区の3分の1程度だ。

同時に足立は、生活していく上での物価も安い。試しに〝supermarket.geomedian.com〟のホームページから「激安スーパー」をキーワードにして検索をクリックしてみると、足立区のヒット数は、江戸川区と同数の23区トップに並ぶ。

常設の68円均一コーナーがTVでお馴染みの「ABS卸売センター」は区内に2つの店舗を構え、竹の塚の「生鮮市場さんよう」は衝撃の10円祭りでこちらもTVの話題を集める。ひと口に激安といっても、足

激安スーパー。世にディスカウントスーパーは数あるが、足立の激安スーパーは半端ではない。

立の激安は半端ではない。

しかし、いくらコストパフォーマンスに優れるといわれても、やはり多くの人たちは足立を敬遠する。住宅取得意欲が最も旺盛な30代の人たち、なかでも若い母親層は、特にこの傾向が強い。足立に住むという選択肢は、端から「足立は絶対にパス」の壁に突きあたってしまう。

突破口を開く「終の住家」作戦

若いお母さんたちが足立を敬遠するのは、やはり「怖い」「危ない」「貧しい」という評価が頭の中にこびりついているからだろう。

なるほどこの3点セットが揃っていたら、子育てには向かないと考えるのも無理はない。「いや誤解だ！」といったところで、それはようやく区民が気づいたレベルにとどまり、区外にはまだ浸透していない。

住宅を購入すれば40年、50年と住み続ける。子育てらしい子育てはせいぜい10年か15年で終わってしまう。だから、もっと長い目でみる必要があるといったところで、いま頭の中が子育てでハチ切れそうになっている人に、そんな理屈は通じない。おまけに、家賃が安い足立より、もっと家賃が高い物件を売った方が儲けが大きくなる不動産業者は、「安いだけの足立より、こんなお買い得の物件がありますよ」とささやきかける。かくして、足立に住むという選択肢はますます可能性をなくしていく。

若い人たちと比べ、酸いも甘いもかみ分けてきた中高年は、もっと冷静にまちを見分ける力を、これまでの経験の中で蓄えている。しかも福祉力に富む足立は、彼らに大きな魅力を感じさせる条件が整っている。だとすれば、ターゲットはここだ。

30代で重視した子育てが終わり、さらには30代だった当時に重視したもうひとつの住宅選択条件だった通勤が、定年を迎えて意味をなくしても、人々は30代の時点で選んだまちに住み続ける。そのうちに子どもはすべて巣立ち、年を取った夫婦2人が残り、やがて配偶者が亡くなりひとり暮らしとなる。最後は生活の手助けが必要となり、見かねた子どもは自分たちが住むまちに老親を呼び寄せる。

ところが、年を取ってしまうと、新たな人間関係を築くことが億劫になるから、見知らぬまちに引っ越すと日々の生活に張りがなくなる。その後に残っているのは、身体も心も急速な老いだけとなる。

この悪循環を断ち切る最善の方策は、子どもは巣立ったがまだ身体も心も元気な50代になったら、思い切って「終の住家」を選ぶことだと筆者は主張し続けている。このときこそが足立のチャンスだ。50代ではまだ通勤は残るが、足立ならそれほど苦痛にはなるまい。おそらくその歳になると、再び持ち家の購入を考える人は少ないだろうから、サ高住をはじめ高齢者にとって住みやすく、かつ良質な賃貸住宅が用意されていれば、足立に住むという選択肢が大きく高まる可能性が期待できるようになってくる。

もうひとつのポイントは、シルバータウンのように高齢者だけが増えるという事態を回避することだ。

実は、高齢者が暮らしやすいような地域の絆にあふれるまちは、30代の子育て世代にも暮らしやすいまちとなる。親が足立に住むようになり、身近に足立のまちを知れば、いまは頭から「パス」と拒否している若い人たちも、「結構いいまちなんだね」と改めて足立を見直し、足立への一方的な敬遠が間違っていたことに気づくだろう。

子どもが住むまちに親を呼び寄せるから、高齢者は不幸な最期を余儀なくされる。逆に親が子どもを引き寄せる形になれば、高齢者も幸せな老後を過ごすことができる。子ども世代は若いのだから、多少問題が出てきたとしても、それを乗り越えていくことができるはずだ。

もちろんそのためには、まちの側で取り組んでいかねばならない課題は少なくない。中高年層にとって、さらに若い人たちにとっての魅力的な住宅を増やしていくことは、その大前提となる。しかし、まちは生き物だ。最初に政策的なインセンティブを与えることで好循環を呼び込むことができれば、後は市場原理に任せればいい。

八方ふさがりの感が否めない、「足立に住むという選択肢」に突破口を開くための、ひとつの考え方だと思うのだが、いかがだろうか。

「足立の時代」も夢じゃない

「住みたいまち」の情報があふれると、「本当に住みよいまち」とは何か、「実は住みづらいまち」とは何かという議論が当然のように沸き起こってくる。筆者のもとにも様々なメディアから、そんな質問が舞い込んでくる。

大変申し訳ない話になるのだが、筆者の答えはいつも決まっている。世代に象徴される人それぞれのライフステージによって、また人それぞれの生活価値観に裏打ちされたライフスタイルの意向によって、「住みよいまち」の評価も「住みづらいまち」の評価も変わってくる。

ただし、この答えで満足していては記者として失格だ。そういうわけでもないのだろうが、彼らは「では、あなたの考える住みよいまちとはどんなまちですか」という問いを切り返してくる。

それでも、やはり筆者の答えは決まっている。さまざまな世代の人たちが混じり合い、様々な生活価値観が交錯し合う『モザイクタウン』が一番住みよいまち。そんなモザイクタウンと究極の対比にあるのが団地だ。だから、団地問題が起きてくる。東京でモザイクタウンの例をひとつあげろと聞かれたら、「例えば千住だろう」と答えることにしている。

歴史の中で、「団地のまち」という課題を背負わされた足立は、まち全体に団地問題が広がっていくという課題を抱えつつ、同時に団地の建て替えを契機とした「まちのよみがえり」も始まり出している。

千住以外にも大学ができ、大学病院ができ、新たなまちの魅力発信拠点ができていけば、それらは間違いなくまちの変化を一層高める触媒となる。そうなれば、モザイクタウンが足立全体に広がっていく可能性も夢ではない。何よりも、千住という格好のお手本が身近にあることは心強い。

まちが変わっていくといっても、庶民のまち、お節介なまちという、足立が固有に抱え持つＤＮＡが消えることはない。

妙にねじれたところがなく、あくまで直球勝負の庶民のまちが、お節介タウンという個性を保ちながらモザイクタウン化していくとなると、どんなまちができあがっていくのだろうか。もう胸は、期待でワクワクしてくる。

六本木や白金ではなく、豊洲や武蔵小杉でも、目黒や渋谷でもなく、成城や久我山でもない。新しい足立の時代の始まりだ。

だからこの足立というまちに、なぜか惹かれて止まらない。

あとがき

いまから30年以上前の話になるが、5年間ほど足立に住んだ経験がある。上の娘が生まれてから、小学校に入学する一歩手前までの時期だった。

足立を選んだ理由に深い意味があるわけではない。結婚して、文京区の名前はマンションと、実はアパートの小さな家に暮らしていたが、子どもができてさすがにこれでは狭すぎると考えたのがきっかけだった。はっきりいって、家計にあまりゆとりがなかったので、東京都住宅供給公社のパンフレットを眺めていたら、足立区の西新井にある築後間もない団地の追加募集が目に止まった。

当時は足立のマイナスイメージなど、世間を騒がす時代ではなかった。むしろ、有楽町の職場に通うのに、日比谷線に乗れば銀座まで乗り換えなしで行けるという思いの方が強かった。そうはいっても抽選だからと、期待せずに申し込んだところ、見事当たりくじを引いた。かくして、わが家は足立区民となる。

引っ越したその日のことはよく覚えている。エレベーターに乗り合わせた親子連れに偶然話しかけたら、何と娘と誕生日が同じ。当時は高層のうちに入る11階建ての建物が2棟だけの小さな団地ではあったが、子どもの遊び場も備わっており、公園デビューの後はたちまちママ友、チビ友の輪ができた。

下の息子が生まれて、さらにその輪は広がっていく。夕方「お醤油貸して」の声に応えると煮物が返ってくるという生活の中で、自然にパパ友もでき、休日にはホームパーティを開き合う関係も生まれていった。

順風満帆。呑気な亭主はそう考えていたが、妻が不機嫌な顔になる日がだんだん増えてきた。ある日、思い切って聞いてみると、予期せぬ答えが返ってくる。

妻も私と同様地方の出身で、大学が渋谷区にあったことや親せきが世田谷区に住んでいたこともあり、結婚までに住んだことがある東京のまちは渋谷区と目黒区だけ。よく知っているのは、これに世田谷区を加えたくらい。結婚後住んだのも、曲がりなりにも文京区。こうした彼女の経験と、足立での生活は人間同士の距離感に決定的な違いがあり、それが彼女の場合はストレスとなってたまっていったようだった。

その後、速攻でいまも住む船橋に引っ越し、わが家は再び落ち着きを取り戻す。

こんな経験をもつ筆者だから、東部3区に住めばいい、足立に住めばいいと人に勧める気はない。

ただいえることは、人にはそれぞれに合うまちもあり、合わないまちもあるということだ。自分に合うまちを見つけ出すためには、どこが住みよい、どこが生みにくいと騒ぎ立てるメディアに惑わされず、まずまちをよく知ることがすべてのスタートとなる。

本書もまた、常に筆者が考え続けているそんな思いを綴ったものに過ぎない。

最後に、お世話になった方々への謝意を記して結びとしたい。

2018年9月

池田利道

なぜか惹かれる足立区
～東京23区「最下位」からの下剋上～

著者 池田利道

2018年10月25日 初版発行

池田利道（いけだ・としみち）
1952年生まれ。一般社団法人東京23区研究所所長。東京大学工学部都市工学科卒業、東京大学大学院都市工学科修士課程修了後、財団法人東京都市科学振興会事務局長・主任研究員等を経て、94年に株式会社リダンプランニング、2011年に東京23区研究所設立。23区を中心とするマーケットデータの収集・加工・分析を手がける。著書に『23区格差』（中公新書ラクレ）、『23区大逆転』（NHK出版新書）など。

発行者 横内正昭
編集人 内田克弥
発行所 株式会社ワニブックス
〒150-8482
東京都渋谷区恵比寿4-4-9えびす大黒ビル
電話 03-5449-2711（代表）
03-5449-2716（編集部）

装丁 橘田浩志（アティック）／小口翔平+喜來詩織（tobufune）
校正 玄冬書林
編集 大井隆義（ワニブックス）

印刷所 凸版印刷株式会社
DTP 株式会社 三協美術
製本所 ナショナル製本

定価はカバーに表示してあります。

ISBN 978-4-8470-6613-9
ワニブックスHP http://www.wani.co.jp/
WANI BOOKOUT http://www.wanibookout.com/